“大运河人物故事”丛书

丛书主编 张廷皓

隋唐大运河奠基者

杨广

潘 娟 著

南京出版传媒集团 南京出版社

图书在版编目（CIP）数据

隋唐大运河奠基者——杨广 / 潘娟著. -- 南京：
南京出版社, 2022.1
（“大运河人物故事”丛书）
ISBN 978-7-5533-3332-8

Ⅰ. ①隋… Ⅱ. ①潘… Ⅲ. ①隋炀帝（569-618）-
传记 Ⅳ. ①K827=41

中国版本图书馆CIP数据核字（2021）第140917号

丛 书 名 大运河人物故事
丛书主编 张廷皓
书　　名 隋唐大运河奠基者——杨广
作　　者 潘　娟
出版发行 南京出版传媒集团
南　京　出　版　社
社址：南京市太平门街53号　　邮编：210016
网址：http://www.njcbs.cn　　电子信箱：njcbs1988@163.com
联系电话：025-83283893、83283864（营销）　025-83112257（编务）

出 版 人 项晓宁
出 品 人 卢海鸣
责任编辑 崔龙龙
装帧设计 王　俊　张　淼
责任印制 杨福彬

制　　版 南京新华丰制版有限公司
印　　刷 江苏扬中印刷有限公司
开　　本 787毫米×1092毫米　1/32
印　　张 4.125
字　　数 63千
版　　次 2022年1月第1版
印　　次 2022年1月第1次印刷
书　　号 ISBN 978-7-5533-3332-8
定　　价 15.00元

用微信或京东
APP扫码购书

用淘宝APP
扫码购书

总 序

大运河是中国人民的伟大创造。这条始建于公元前486年的人工水道，作为中国历史上贯穿南北的大动脉，集漕粮运输、商旅交通、军资调配、水利灌溉等功能于一身，不但加强了全国各地区间的政治、经济联系和文化交流，维护了多民族大一统国家的稳定和发展，而且使北方的丝绸之路和南方的海上丝绸之路在古老大陆的东方形成了闭环，因而具有世界意义。时至今日，大运河沿岸遍布城镇、码头、仓库、船闸、桥梁、堤坝等各类遗存，构成了中国乃至世界范围内罕见的线性文化带，并成功地在2014年6月22日第38届世界遗产大会上入选《世界遗产名录》。2017年6月，习近平总书记对建设大运河文化带作出重要指示，指出“大运河是祖先留给我们的宝贵遗产，是流动的文化，要统筹保护好、传承好、利用好”。2019年2月，中共中央办公厅、国务院办公厅联合印发《大运河文化保护传承利用规划纲要》，就进一步保护好、传承好、利用好大运河沿线的丰富文化遗产提出了明确要求。

回顾大运河萌芽、发展和演变的过程，诸如国家政策、政治形势、军事需要、地理环境等，虽然也都会对其历史变迁产生一定程度的影响，但从根本上来看，“人”的作用往往显得更为重要。千百年来，大运河的规划者、开凿者、建设者、管理者、治理者，以及其他与大运河有关的各类人物，凭借着不拘一格的思考方式、与时俱进的思维理念、突破常规的制度创新、因地制宜的技术方法革新，比较圆满地解决了大运河形成过程中所遇到的自然、运输和管理等一系列问题，实现了大运河从地区性到整体性、临时性到制度性、零散性到系统性的质变。这些大运河历史上涌现出的杰出人物，作为创造、改变和塑造大运河的主体和关键，其思想观念中闪烁着的智慧光芒，和一言一行中表现出的担当作为，不仅是大运河历史上无比珍贵的宝藏，同时也是彰显和传播中华民族灿烂文明的重要文化遗产，值得我们进一步挖掘和弘扬。

与蔚为大观的河道变迁、漕运制度、城镇商业、文化风俗等成果相比，有关大运河人物的研究相对薄弱。为了展现大运河深厚而丰富的文化内涵，传承和弘扬中华优秀传统文化，南京出版传媒集团（南京出版社）决定推出一套“大运河人物故事”丛书。这套面向广大青少年读者的普及性读物，精选历代与大运河有关的著名人物，时间上从春秋战国直至民国时期，空间上则覆盖隋唐大运河、京杭大运河和浙东运河。每册均邀请学有专长的作者撰写，力图在准确把握史实的基础上，用生动活泼的语言文字，引人入胜的故事情节，丰富多彩的知识拓展，刻画每一位大运河人物的主要经历，涉及凿河规划、水利建设、漕运管理、治运思想与实践、研究著述以及后世影响等，在折射大运河变迁轨迹的同时，充分展现出这些人物与大运河的密切关系，以及对大运河的变迁所发挥的作用。

青少年是国家的未来和民族的希望，肩负着实现中华民族伟大复兴、建设社会主义现代化强国的历史重任。近年来，南京出版传媒集团（南京出版社）先后推出了“抵御外侮——中华英豪传奇”“抗战十四年·中华儿女传奇”等多套青少年读物，在培养青少年爱国主义精神、培育和践行社会主义核心价值观等方面，起到了十分积极的作用。衷心希望“大运河人物故事”丛书能成为广大青少年认识和了解大运河历史文化的良师益友，在深化他们对大运河文化内涵认知的同时，展现中华民族的聪明才智和中华文明的灿烂辉煌，为他们的健康成长树立文化自信，使之成为将来建设国家的栋梁之材。

张廷皓

（作者系中国文物学会大运河专业委员会主任委员、中国文化遗产研究院原院长）

目　录

第三章　万艘龙舸下扬州

第四章　千里长河一旦开

第五章　惆怅龙舟更不回

引 言

中国历代皇帝中，杨广可能是最具争议的人物之一。他西征吐谷浑，开拓国土数千里，建立了西海、河源、鄯善、且末四郡；征服突厥、契丹，三征高句丽，维护了国家的统一。他还营建东都洛阳，促进了中原地区的繁荣。最值得一提的是，他第一次贯通了大运河，建立了以洛阳为中心，横贯整个东部地区的内陆水上运输通道，沟通了当时中国的政治和经济中心，维系和巩固了中国大一统的局面1000多年。因此，杨广被后世传颂，称赞他“共禹论功不较多”。

杨广虽然功绩显著，但暴政也很突出。他是宏才伟略的一代雄主，同时又是刚愎自用的一代暴君。杨广在位时，滥用权力演成暴政，残害百姓；急于求成，横征暴敛，三征高句丽，民怨沸腾；三下江都，耗费民力。最终亡国丧身，也被后世所诟病，被评价为荒淫无道的暴君。

本书以杨广第一次贯通大运河为主线，分七章来展现杨广充满传奇的一生和他与大运河的密切关系。希望通过这本书的阅读，帮助您认识真实的杨广，了解中国大运河的前世今生。

第一章　大业年中炀天子

年幼居藩防突厥

公元569年某日夜晚，明月高挂，而后突然电闪雷鸣，“有红光烛天，里中牛马皆鸣”，故事的主人公杨广呱呱坠地。他出生在一个北周贵族武将家庭，可谓家世显赫：父亲杨坚是北周的一位大将军，被封为随国公；母亲独孤氏是北周鲜卑族大贵族柱国大将军独孤信的女儿，名门之后。杨广是家中次子，出生时就有异象，从小就长得眉清目秀，而且聪明伶俐，深得杨坚和独孤氏的喜爱。

南北朝时期，北方到了最后一个王朝北周，北周的武帝宇文邕有雄才大略，他树立了“平突厥，定江南，一二年间，必使天下一统”的志向。宇文邕一生戎马倥偬，可惜的是，他的理想还未来得及实现，就英年早逝了。他的儿子皇太子宇文赟继位。当时杨坚的大女儿杨

小贴士：南北朝

南北朝是南朝和北朝的统称。始于公元420年刘裕建立刘宋，止于公元589年隋灭陈国。南北朝是我国历史上一个大分裂、大动荡时期，朝代常因为军权流入权臣手中而频繁更替，南朝（420—589）包含刘宋、萧齐、萧梁、陈四朝。北朝（386—581）包含北魏、东魏、西魏、北齐和北周五朝。南北朝是全国经济中心向南方转移的重要阶段，中原人口大批南下，使南方增加了大量的劳动力，且带来了先进的生产技术，促使南方农业得到进一步开发与发展。南方地区的翘楚，是长江中下游的荆州、扬州。扬州是东晋、南朝经济最发达的地区，治所在建康（今江苏南京）。在整个南北朝时期，思想文化开始多元化，出现了不同于两晋时期的新形势，玄学思潮归于沉寂，佛道二教得到继续发展。

丽华早已嫁给了宇文赟，宇文赟即位后杨丽华顺理成章成了皇后娘娘。而在亳州总管位上的杨坚也沾了皇后女儿的光回到朝廷担任大司马，一跃成为当朝宰相。于是杨坚一步一步将北周的军政大权牢牢掌握在自己手里。而这时的杨广也被姐夫封为雁门郡公。公元580年，北周宣帝宇文赟终因酒色过度，一病不起，不久就驾崩了。而此时他的儿子静帝刚刚八岁。杨坚以辅佐少帝为由，代替君主处理国政，成了手握实权的第一号人物。当时年长的北周宗王都在外地掌兵，杨坚秘不发丧，等到悄悄将有碍他专权的大臣们一个个处理好之后，才为宣帝发丧。静帝即位后，杨坚自任为左大丞相，一应官员都要听命于他。最终，杨坚由一个外戚一跃成为中国北方皇朝的实际主宰者。

杨坚用了短短四个月的时间，先后平定了三王之乱，为登基做好了准备。公元580年十二月，周静帝下

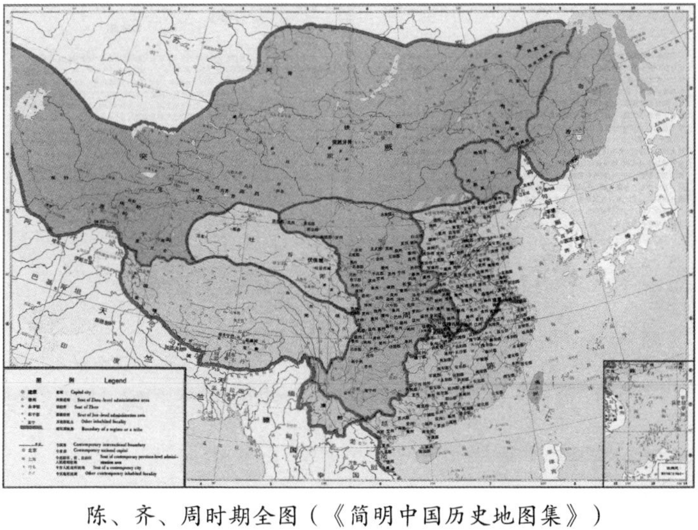

陈、齐、周时期全图（《简明中国历史地图集》）

诏，加封随国公大丞相杨坚为相国，总理朝政，进公爵为王。这时的杨广也荣升为王子。公元581年，年幼的傀儡周静帝以“众望所归”为说辞，下诏自请禅位。杨坚抢了外孙的皇位，取代北周称帝，建立了隋朝。而当时刚刚13虚岁的杨广则被封为了晋王。

杨广刚刚13虚岁就受封为晋王，靠的是父亲的恩荫。而他能够在一众兄弟中脱颖而出，却靠的是自己努力获得的赫赫战功。他的第一个功劳就是坐镇并州，北御突厥。公元581年二月，刚登基的隋文帝杨坚就任命杨广为并州总管，负责战略位置极为重要的并州的军务，杨广小小年纪就坐拥强兵，肩负起北御突厥的重任。杨坚还为他配置了阵容庞大的僚佐智囊团，以此帮助年幼的儿子完成重任，建立军功。杨广的僚佐王韶、李彻、李雄、张衡等大都是关陇勋贵，他们极尽所能的辅佐，对晋王杨广的成长起到了重要的作用。当然，年幼的杨广也不负众望，他好学善文，外表“沉深严重”，一副长者之相，深得僚佐的爱戴，也深得父母钟爱。

男大当婚，转眼杨广到了结婚的年龄，隋文帝和独孤皇后千挑万选，最终为他选定了南朝萧梁帝室的后代萧氏。萧氏自幼寄养在舅舅家，没有皇家子女的骄纵任性，而是既温柔娴静，天性聪颖，又知书达礼，颇有教养。隋文帝和独孤皇后见了十分喜爱，于是从太原召回杨广，为他们举办了隆重的婚礼。虽然不是自由恋爱，但杨广对父母选择的妻子还是十分满意的，小两口婚后琴瑟和鸣，恩恩爱爱，两年间接连生了两个儿子。杨萧两家联姻，进一步稳固了隋朝对江南地区的统治，聪明能干、才华横溢的萧妃成为杨广的贤内助，她对杨广的政治见识、艺术情趣、文学修养等多方面都产生了积极的影响，也为杨广日后与江南地方政治集团的结合开辟了快捷的通道，对杨广夺嫡成功登上帝位也发挥了重要作用。

早在隋朝建立前，雄踞漠北草原的突厥汗国已是亚洲大陆的霸主，时常南下掠夺中原的人口财富，隋文帝杨坚将击败突厥定为最大的政治军事目标。隋朝利用突厥大小可汗之间的矛盾，采取了挑拨离间的办法破坏他们内部的团结，实施了远交近攻、离强合弱的分化策略。后来，突厥内部爆发了全面内战，内战结束后突厥分裂为东突厥和西突厥。这时，正是杨广担任并州总管，镇守晋阳的时候。在僚佐智囊团的谋划下，他对突厥实行分化政策。杨广手下大将长孙晟根据突厥内战形势变化，适时调整政策，使突厥内战双方的实力始终保持均衡，不让突厥出现新的权力中心。后来东突厥沦落成为隋朝的附庸，接受隋朝的封爵与官职，并借助隋朝的力量与西突厥抗衡。北部边境的安宁，使隋朝可以腾出手来扫灭南边的陈朝，一统中国。这时的杨广虽然年幼，但也参与了对突厥反击战的谋划，他的幕僚、总管晋王府军事的李彻也多次参加了反击战。杨广在对突厥的战争中耳濡目染，得到了军事上的锻炼，为日后统领大军完成平陈大业奠定了基础。

一统中华平陈业

隋开皇六年（586），18岁的杨广应召进入朝廷，被任命为雍州牧、内史令（相当于宰相一职），雍州即后来的京兆郡。杨广因此得以进入国都长安，在朝廷学习掌理朝政的本领。这对他来说，是一个锻炼才干的极好机会。这一时期，作为宰相，他也参与了整个平定南陈战略的策划。

早在公元585年，隋文帝杨坚就开始全面部署平陈战略，他任命吐万绪为徐州总管，“令修战具”；又派李衍在汉江上游的襄州“营战船”；命杨素为信州总管“造大舰”；又派三儿子秦王杨俊为山南道行台尚书令，主管长江中游的军事。公元587年，隋文帝杨坚下令在吴州（今江苏扬州）开通连接长江与淮河的山阳渎，用于运送战略物资。据《太平寰宇记》介绍，隋文帝杨坚开的山阳渎，是在原邗沟的基础上经过疏浚修掘而成，其实就是东汉陈登穿沟前的古邗沟，因为北端在山阳县境内，所以起名叫山阳渎。山阳渎河线的走向，由茱萸湾向东到今江都区宜陵镇，转而向北经今樊川镇接高邮、宝应境内三阳河到射阳湖，再沿用山阳水道旧道进入淮河，历史上称这条河线为邗沟东道。事实上，在灭陈战争中，山阳渎确实发挥了重要作用。与此同时，消灭陈朝的各项战争动员都在紧锣密鼓地准备着。

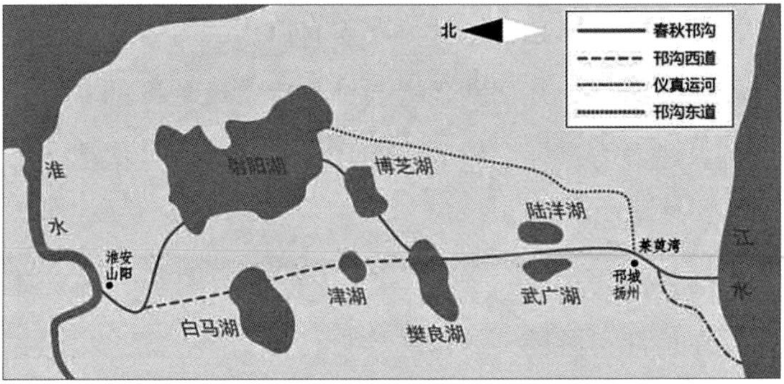

隋开皇年间邗沟改道路线图（《运河王朝》）

公元588年，隋文帝杨坚在寿春（今安徽寿县）设立了淮南行台省，任命晋王杨广为行台尚书令，总领伐陈的各项事宜，为伐陈大军的最高统帅，灭陈战役正式打响。领衔灭陈大业，给20岁的杨广提供了崭露头角的机会，在获得北御突厥的虚名后，他又肩负起南平吴越的重担。灭陈之战，隋文帝杨坚总共出动了90个总管府，合计51万大军。名义上这51万的大军都受晋王节度，实际上隋文帝杨坚亲自调兵遣将。在任命杨广为行军大元帅的同时，隋文帝杨坚又命高颎为元帅长史，负责具体指挥。杨广将平陈大军分成六路：第一路由自己领兵出六合；第二路秦王杨俊领兵出襄阳；第三路清河公杨素领兵出信州；第四路庐州总管韩擒虎领兵出庐江，指向采石矶；第五路吴州总管贺若弼领兵出广陵，指向京口；第六路青州总管燕荣率水军自朐山傍海入太湖，切断陈朝的退路，并切断建康与浙东南富庶地区的联系。全军以建康为目标，形成合围攻击的态势。这次战争的主战场是东部战场。

具体进军时，平陈大军分为三个集团军：第一集团军在长江下游展开，由杨广任行军元帅；第二集团军在长江中游的汉口展开，由秦王杨俊主持；第三集团军

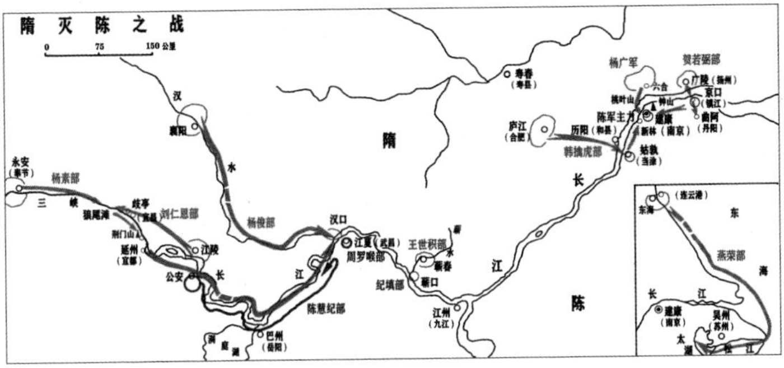

隋灭陈进军路线图

在长江上游的信州（今重庆奉节），由清河公杨素为行军元帅。其中杨广的第一集团军为主攻。当时陈军实力雄厚，兵力约25万人，光护卫都城建康的兵力就有10万人，并且占据长江天堑，易守难攻。隋军采取的战术是在长江上游大张声势，在下游则是悄无声息秘密渡江。上游杨素大张旗鼓地摆出顺流而下的进攻姿态，吸引陈军的注意力，在长江三峡口大破陈军后，率领舰队顺江而下，与杨俊两路军队会合后，在汉口与陈军正面相持，拉开了平陈战役的序幕。

隋军在上游的战事，吸引了陈军的全部注意力，陈军完全没有料到隋军又会在下游渡江攻击。公元589年正月初一，醉生梦死的陈后主还举行盛大的朝庆大典，大会群臣，宴席上陈后主喝得酩酊大醉。这天大雾弥漫，下游的隋军突然袭击。杨广大军乘大雾行进到长江北岸，驻屯在六合镇桃叶山上，手下两员猛将贺若弼、韩擒虎则乘雾偷渡长江。贺若弼率领的隋军12000人全部神速渡过长江，对岸陈军一点也没察觉。右翼猛将韩擒虎乘月黑风高之际，率领500人轻装从北岸的横江渡过长江，到达南岸的采石矶，很轻松地占领了陈军的江防重镇采石矶。采石矶陈军的守将徐子建向朝廷驰报采石矶失守，陈朝廷上下惊慌失措。与此同时贺若弼的军队也占领了陈朝的江南重镇京口（今江苏镇江）。几天后，贺若弼从北道，韩擒虎从南道，南北并进，夹击建康，隋军所到之处，所向披靡，陈军望风而降。

贺、韩两军在建康城近郊驻扎，等待杨广统率大军渡江与陈军决战。陈后主急忙派大将鲁广达、任忠、孔范、萧摩诃等率10万大军出战隋军，陈军摆了个一字长蛇阵，南北绵延长达20里，首尾不能相顾。隋军贺若弼率领的部队只剩8000人，按杨广的部署是等大军渡江后才与陈军决战，因此他起先并不想与陈军正面对抗。但贺若弼登上高处看到陈军摆了个奇怪的长蛇阵，想想自己的8000人虽然少，但完全可以击败一处敌军。于是主动出击，攻其一处，猝不及防的陈军受到攻击后抱头鼠窜，溃不成军。自乱阵脚的陈军部队被隋军打败后，将领带头逃跑，士卒自相践踏，死伤达5000多人。就这样，10万人的陈军居然被区区8000人的隋军击败。

就在贺若弼取得胜利的同时，另一路隋军韩擒虎更是战功赫赫，他率领500名精骑一路直捣陈都城的台城、皇城，大摇大摆地进入朱雀门。陈军投降的投降，逃命的逃命。宫外杀声震天，陈后主惊慌失措，无处躲藏，只好与孔贵嫔、张贵妃一起跳入一口井中，最后被隋军擒获。隋军乘胜追击，两三个月内就将陈朝的全境纳入隋朝统治范围。隋灭陈，结束了南北朝分裂局面，中国再次统一。公元589年，隋文帝令各路伐陈大军还朝，并押解陈后主陈叔宝和他的文武百官一同来到长安。

灭陈之战，杨广作为统帅，忠实地执行了父皇的战略部署，带领各部将领迅速赢得了战争的胜利，获得了南平吴越的美名。回到长安后，杨广因功进为太尉，并得到辂车、乘马等赏赐，再次担任并州总管，回到北方前线晋阳镇守。

灭陈之后，秦王杨俊被任命为扬州总管，管理四十四州诸军事，执掌旧陈江南之地。为了能将江南牢牢抓在自己手里，隋文帝下令在江北筑江都（今江苏扬州）新城；下诏将建康城夷为平地，在原石头城（今江苏南京）地方置蒋州。由于隋政府没有主动去笼络江南的人心，没有处理好中央政权与新纳入其统治的江南地方势力之间的关系，再加上北方来的官吏们粗暴的强压政策，终于激起了江南人的反叛。公元590年，一场规模浩大的反隋叛乱在旧陈境内爆发，反叛的参加者涉及江南各个社会阶层，既有世家大族，也有少数民族地区的首领。

为了平定这场叛乱，隋文帝当机立断，让经验丰富的晋王杨广与秦王杨俊对调，任命杨广为扬州总管，移镇江都。又命内史令杨素为行军总管，调集大批兵马前往江南镇压。22岁的杨广，又一次临危受命来到南方，坐镇江都。江南叛军虽然声势浩大，但因为没有统一的领导，如一盘散沙，很快就在杨素的血腥镇压下，被各个击破。而杨广到任扬州后，吸取前任的教训，注重对江南人士的招抚，对叛军剿抚并重，攻心为上。在派军队击败皖南叛军和方、滁二州的叛军时，他主要采取的是招抚叛者的政策，不战而屈人之兵，如延请三吴地区很有名望的吴郡世族名士陆知命游说晓谕反叛者，劝他们献城迎降，有17座城的叛军接到晓谕后开城投降。同时，主动招降番禺一带的叛军首领冼夫人，使岭南地区顺利归附隋朝。这时，隋朝的实际控制范围到达了今天越南的北部。

杨广后来写过一首《泛龙舟》诗：“舳舻千里泛归舟，言旋旧镇下扬州。借问扬州在何处，淮南江北海西头。”其中“淮南江北海西头”是对扬州地理位置的最好概括。扬州处在隋朝的老地盘与新收复的旧陈之地之间，地理位置十分重要。在扬州镇守期间，杨广考虑的就是整个南方的形势，对军国大事就多有研究。

杨广在江都镇守10年，积极收纳江南人士，稳固隋

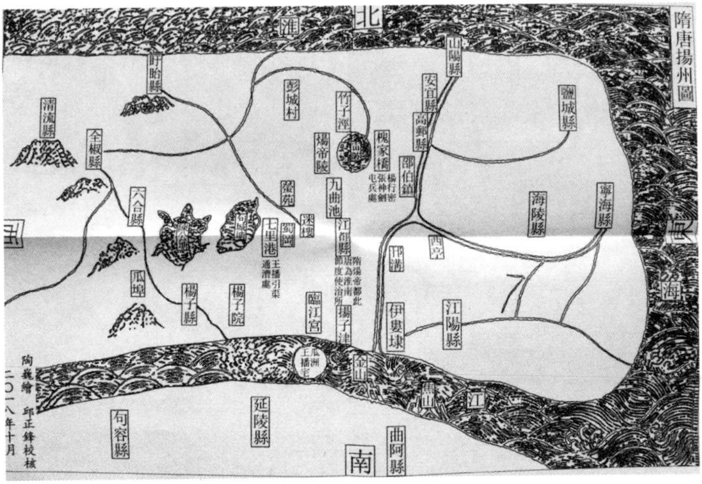

隋唐时期扬州舆图（《历代扬州舆图》）

王朝在江南地区的统治，巩固来之不易的统一局面。为了笼络人心，在夫人的影响下，他还“言习吴语”，能说流利的吴侬软语，缓和了江南人的敌对情绪。除了招降叛军，杨广在江都还大力推行文教事业，如让潘徽编撰了《江都集礼》120卷，促进南北文化的交流。早在灭陈战争时，杨广就竭力招揽江南名士，如会稽虞绰、吴郡潘徽等；在任扬州总管时，他对江南人士采取了文化笼络政策，将王胄等原陈朝的学士紧紧团结在自己周围，特别是将才华横溢的会稽人虞世基、虞世南兄弟，收入自己的智囊团，这些人成为他登基后治理国家的股肱之臣。杨广不但吸纳江南文士，还保护江南宗教，利用宗教收揽江南民心。他千方百计拉拢了江南佛教界的领袖人物智顗，在江都建立了四个道场，安置所招揽的高僧道士。

声名籍甚冠诸王

镇守江都的杨广尽管还年轻，但在政治上已日益成熟，表现出极高的政治素养和政治手腕。这时的杨广不仅有统兵北御突厥、南平陈朝的武功，又取得了安定江南的文治政绩，逐渐在朝臣中“声名籍甚，冠于诸王”，为日后被立为太子，进而得继大统、当上皇帝打下了坚实的基础。

隋文帝杨坚

隋文帝与独孤皇后总共生下5个儿子，大儿子杨勇是皇太子，立为皇太子之初，深得父皇信任。杨勇性格外向，直来直去，对自己的言行从不做掩饰。当了皇太子后，更是盛气凌人，一天比一天骄奢淫侈。而父亲隋文帝杨坚却是一个十分低调节约的人，据说，杨坚虽然贵为皇帝，但平时乘坐的车还是牛拉的车，之所以不用马，是因为马匹少，要用于战争；平时穿的衣服常常也是旧的，很少添置新衣。

有一次，杨勇用黄金装饰了一副铠甲，四周镶上金边，恰巧被崇尚节约的父皇杨坚看见了，杨坚便让人将杨勇找来，语重心长地对他说：“我闻天道无亲，唯德是与，历观前代帝王，未有奢华而能长久者。汝当储后，若不上称天心，下合人意，何以承宗庙之重，居兆民之上？”同时将自己穿过的旧衣服送给皇太子，让他放在身边，时刻作为警示。父皇的谆谆教诲，杨勇却全不放在心上，他认为自己贵为皇太子，要什么有什么，一副镶金铠甲算得了什么。到了冬至节，讲礼节的朝廷百官纷纷前往东宫朝见皇太子，杨勇也不加回避，大摆乐舞接受群臣朝贺，歌舞之声传到宫外，又被隋文帝听到。隋文帝对杨勇的僭越行为很是不满，从此对皇太子的信任度大为下降。

三儿子杨俊长大后生活也毫无节制，后来被隋文帝免去并州总管，回到京师后不久病死府中。老四杨秀因被服器玩“拟于天子”，僭越行为受到父皇的谴责。刚刚接替杨俊镇守北方的老五杨谅因年纪较轻，也没有立下什么功劳，所以没有竞争力。

而晋王杨广因镇抚南方之地，维护国家统一，深得父母喜爱，在兄弟5人中声名最为显著。杨广坐镇江都，掌管的是长江下游的东南地区，但他心怀天下，将整个南朝故土作为自己建功立业的区域，主动思考，精心谋划，为巩固隋朝统一作出了突出的贡献。他在外十多年中，没有被人抓住任何明显的小把柄，各个方面的表现都无可挑剔。杨广从小就胸有大志，因此言行举止上注意克制自己，十分善于伪装。他其实很爱好艺术，但平时却表现出不弹琴、不看歌舞表演，故意做出不好声色的模样。有一次，隋文帝来到晋王府时，看到府内许多乐器的弦都断了，上面布满了灰尘，一看就是很长时间不用了。于是他认为杨广不喜欢声色，对杨广赞赏有加。其实这一切是杨广专门让人提前布置的。杨广也十分体恤士兵，有一次观看围猎，突然下起了大雨，左右侍卫给杨广送上油衣防雨。杨广坚决不穿，他说："士兵衣服都湿了，凭什么单单要我穿油衣？"因此，当时朝野上下都说晋王仁孝，以致"声名籍甚，冠于诸王"。

夺嫡成功继大统

杨广虽然贵为皇子，拥有其他人所无法企及的政治资源，但他政治抱负很大，不满足于仅仅当一个藩王。他的目标很明确：当上皇太子进而成为皇帝，承继大统。因此，他潜心经略，四处结交领兵将帅，积极为夺嫡做准备。

夺嫡谋划是他在镇守江都时开始的。杨广坐镇江都的10年，正是他精心谋划，一步步迈向权力顶峰的黄金10年。他精心制定的夺嫡计划主要有三条措施：

一是大力收罗人才，扩大自己的势力。他以原先的关陇勋贵张衡、宇文述、郭衍为核心，组成了夺嫡权谋的核心集团。同时，收罗了大批江南地区的人才。按他的计划，如果夺嫡成功，成为皇太子，进而成为九五之尊。如果夺嫡不成功，就以富裕的江南为依靠，在江淮重建割据政权。于是，他“大修甲仗，阴养士卒”，加强了对江淮地区的控制。

二是结交朝中权臣。杨广深知朝中大臣对皇帝政治取向影响很大，于是他用卑辞厚礼努力结交拉拢朝中权臣，右卫大将军元胄、吏部尚书牛弘都成了他结交的对象。将军于仲文被杨广奏请调到扬州，“督晋王军府事”。杨广与张衡等分析谋划，认为能够劝说隋文帝行废立之事的只有当朝权相杨素，必须拉杨素入伙，夺嫡才能成功。杨素当时已位极人臣，权倾朝野，但杨广与他没有什么交往。怎么办呢？与杨广关系密切、交情深厚的宇文述出谋划策，让杨广派他去京师先拉拢杨素的弟弟杨约。宇文述到达京师后邀请杨约畅饮，下棋赌博，故意输给杨约。杨约得到了好多金银财宝后，宇文述挑明这是杨广让他送的，趁机将杨广的意思告诉他。杨约被他说动了，赶紧去与杨素商量。老谋深算的杨素听完杨约的叙述，也觉得宇文述分析得有道理，皇太子杨勇已失爱于皇后，杨广是杨坚的二儿子，在兄弟中最有实力，如果能结交上杨广，帮他当上太子，不仅可以保全自己，而且在隋文帝过世后新的朝廷中还能谋求更大的利益。于是他加入了杨广夺嫡集团。

三是迷惑母亲独孤皇后。杨广在广结权臣的同时，也拉拢和迷惑母亲独孤皇后。独孤皇后十分节俭，不好奢侈。但她有一个缺点，就是生性妒忌，新婚之夜就与杨坚相约“誓无异生之子”。她不让丈夫接触别的女性，杨坚后宫嫔妃数十人也不过是摆设，杨坚一个也不敢亲近。独孤皇后还心存仁爱，十分信佛。杨广对母亲的性格很了解，他把自己打扮成一个虔诚的佛教徒，在江都为昙崇禅师造露盘并诸庄严，拜昙崇禅师为师。受戒后不忘至尊皇后，起戒名为孝，用尊佛来博取父母欢心。杨广平时只与萧妃住在一起，侍女也用又老又丑的，让她们穿粗布的衣服。文帝和皇后见杨广如此节俭，赞不绝口。凡父母派到江都来的使者，不论贵贱，杨广都要与萧妃一起到门口迎接，这些人回京后个个都称赞晋王仁孝。杨广每次入朝，车马侍从都格外简朴，在朝堂上对大臣也十分尊重，独孤皇后特别喜欢见到杨广。

经过多年努力，杨广终于在政治声望上超过了哥哥太子杨勇。而杨广在费尽心思施展夺嫡计谋时，杨勇不但没有丝毫的警觉，反而纵情声色，授人以柄。杨勇从不去讨好父母，反而因父母的冷落产生了逆反心理，表现得越来越放荡，越来越骄奢淫逸。杨勇从小就爱好文学艺术，东宫也招了不少文人学士，但这些文人学士大多数没有政治才能，只能陪杨勇吃喝玩乐。杨勇自己不控制自己的行为，恣意纵乐，手下人更是仗势欺人，不守法度。公元591年，太子妃突然暴病身亡。独孤皇后认为死因可疑，严厉谴责了杨勇。正妃元氏暴死，杨勇却十分高兴，日夜在外面寻欢作乐。隋文帝对太子杨勇的恶劣行为十分不满，开始着手调查杨勇的劣迹，独孤皇后也派人暗中调查太子的过错。杨勇的太子地位开始动摇。

加入杨广废立阴谋的杨素也走到前台，一面在隋文帝面前盛赞杨广，攻击杨勇；一面在朝中大臣中大造舆论，对太子杨勇进行诽谤。在杨素的导演下，围绕皇太子的流言蜚语不断传到隋文帝的耳中。父母的冷淡、朝臣的疏远，杨勇终于发现自己皇太子的地位岌岌可危。

但他束手无策，转而寄希望于巫术。还一改往日的奢华，身穿布衣，希望以此来挡住悠悠之口。如此一番作为却起了反作用，隋文帝对太子更加猜疑，并着手削弱东宫的势力，调离了苏孝慈等一批有才能的人，还在东宫中安排密探，时刻监视杨勇的一举一动。

高颎罢相后，杨素在朝中权力更大，他受独孤皇后和杨广的委托，积极谋划废立之事。他罗织了种种罪名，使皇太子有口难辩。杨广还威胁利诱东宫幸臣姬威，让他上书诬告皇太子图谋不轨。隋文帝收到东宫姬威的诬告书，龙颜大怒，皇太子居然要抢班夺位，这还了得，赶紧从避暑之地赶回皇宫。回来后立即下令将杨勇和他的儿子都拘禁起来，并逮捕杨勇的部分党羽。从东宫搜查出的数千只火燧，也成为太子谋反的罪证。开皇二十年（600），隋文帝废掉了皇太子杨勇，将他的子女一并废为庶人。

同年十一月，晋王杨广被立为皇太子。公元602年，独孤皇后去世，杨广失去了政治上最强的靠山，能否顺利接班也成了未知数。为了防止废太子杨勇东山再起，杨素建议隋文帝将杨勇交给杨广管制。蜀王杨秀对二哥杨广的夺嫡行为十分反感。杨广便指使杨素收集杨秀的罪状，在隋文帝面前诬陷他，于是隋文帝召杨秀回京。在杨素与杨广的联手诋毁下，杨秀回京后就被隋文帝罢掉爵位，贬为庶人。而五弟杨谅坐镇并州，看到大哥、四哥被废，杨广夺得皇太子位，预感到下一个目标就是自己了。于是赶紧暗中做准备，四处招兵买马，准备父皇一死就以武力争夺皇位。

独孤皇后去世后，已届花甲之年的隋文帝杨坚终于摆脱了管制，可以无拘无束地与后宫佳艳日日欢宴了。他宠幸的嫔妃中有两位绝色美女：一是宣华夫人，即陈宣帝的女儿，陈后主的妹妹，陈灭亡时被充入后宫；另一位是蔡夫人，被封为容华夫人。公元604年，64岁的隋文帝纵欲过度，一病不起。到了七月病重不治，躺在病床上与左右大臣诀别了。为了顺利完成权力交替，防止反对派乘机作乱，杨广在父皇死后，与父皇当年对宇文赟一样，采取了秘不发丧的措施，先派兵收捕了反对自己的柳述等朝中大臣。派杨约假传文帝诏命，赐废太子杨勇死。稳住了京城局势后，杨广在父皇的灵前就位，成为隋朝第二代皇帝。就在这一年的十一月，亡国之君陈后主也在洛阳去世，杨广追赠他为大将军，封长城县公，立谥号为“炀”。“炀”的意思是“好内远礼”，是一个不好的谥号，充分体现了杨广对亡国之君陈后主的鄙视。但杨广无法知道，他死后也会被代隋而兴的唐朝统治者立谥号为“炀”，而且千百年来一直被称为“隋炀帝”。

正当杨广一边在为隋文帝办丧事，一边忙着自己登基承继大统之时，他最小的弟弟、镇守并州的杨谅发动了叛乱。当时杨谅总管山东（太行山以东）旧齐境内五十二州军事，拥有五十万重兵，如果指挥得当，完全可以攻下京师长安，以武力夺取帝位。但因为杨谅既不重用关陇勋贵，也不重用山东人士，反而重用南方失意人士。结果手下的大批关陇勋贵和将士对他不是阳奉阴违，就是据城待变。而且杨谅造反前也没有作广泛的政治动员，没有主动去罗列杨广的罪行，向天下宣告，反而以“杨素反，将诛之”为口号，结果没有得到全国的响应，跟随者寥寥。他管辖的五十二州，跟从他反叛的也只有十九个州。

隋炀帝杨广

反叛之初，杨谅也获得了

局部的胜利。但在夺取蒲州后，杨谅却变得胆小了，裹足不前，不图进取，不敢乘胜进攻关中。等杨广缓过气来，调集了大批军队来反攻时，杨谅就处于被动挨打局面了。双方在前线对攻时，杨广暗中派人给为杨谅据守后方的豆卢毓送诏书，让他充当内应起事。这样，让杨谅首尾遇敌。杨谅因为起兵太轻率，毫无军事经验，几十万大军得不到正确调度指挥，起兵一个多月，就被杨广的大军打得落花流水。平定杨谅叛乱后，新皇帝政权得到了稳固，杨广将杨谅逐出皇室，除名为民。这样，杨坚的五个儿子死了两个，四弟杨秀和五弟杨谅也不再是皇室成员了，杨广心安理得地做上了皇帝，得以独占隋朝的江山。第二年杨广就改年号为大业，成为“大业年中炀天子”，立志成就一番大业。

第二章 锦帆应是到天涯

隋炀帝杨广登基后的第二年就将年号改为“大业”，“大业”顾名思义是要成就千秋万代瞩目的伟大事业。从年号上就可以看出隋炀帝杨广的志向十分远大，是一个想干大事的皇帝。隋炀帝杨广的目标是建立“奄吞周汉”的盛世王朝，成为“子孙万代，人莫能窥”的千古帝王。为了实现这个目标，他不懈奋斗，登基后立即着手一系列重大工程：建东都洛阳，开通大运河，修长城，开堑道。其中最令人称道的就是营建洛阳城和贯通大运河。

天子就食到洛邑

隋统一全国后，定都大兴城（今陕西西安），政治中心在北方。其实，就全国各地经济发展的情况而论，长安作为京师已不太适合。关中虽然拥有八百里秦川，但是北有黄土高原，土地并不适合耕作；南又有绵延的秦岭，使得关中平原面积狭小。随着气候的变化，北方地区日益干旱，农业生产能力不断下降，关中作为全国重要产粮区的地位在逐渐下降，不足以供养人口日益稠密的帝都大兴城，粮食的供给很大程度上需要输入。

城市人口不断增加，粮食等物资需求急剧扩大，隋政府常常出现“就食”的尴尬。所谓“就食”，通俗一点说就是逃荒，皇帝带领文武百官到别的地方找饭吃，避免饥荒。隋文帝开皇十四年（594），关中大旱，关中粮食严重不足，隋文帝于是率领大臣们“就食于洛邑”。

想象一下，堂堂一个国家的皇帝带着众大臣浩浩荡荡跑到其他地方去讨食，这是件多么荒唐的事情啊！但这就是隋朝首都大兴城的现状。就食洛邑（即洛阳）很明确地反映了当时国家粮食安全出现了问题，这对于传统农业社会的中国来说是莫大的灾难。如果粮食生产与运输都能够正常地运转，皇帝决不会拖着庞大而臃肿的政府机构东奔西跑。为解决这个问题，隋政府迫切需要将政治中心东移，同时要为首都建立一条粮食供应的绿色通道。后来，隋炀帝营建洛阳为东都，同时开通大运河也正是肇端于此。

隋取代北周后，因为北周的都城靠近渭水，不仅潮湿，而且容易被淹，于是隋文帝新建了都城大兴城。随着新都的建成，人口的增多，关中地区生产的粮食不能满足京城庞大人口的需要。因而，从开皇三年（583）起，为了充实京城的粮仓，隋文帝在卫州、洛州、陕州、华州分别建立了黎阳仓、河阳仓、常平仓、广通仓，通过这些仓城之间的相互转运，解决了京城的粮食需求。但在漕运中，黄河砥柱的险要和渭水河道的曲折给漕运带来了困难。于是，开皇四年（584），隋文帝命宇文恺开凿漕渠，《隋书·食货志》载：“引渭水，自大兴城东至潼关，三百余里，名曰广通渠。”

兴建东都洛阳城

广通渠的开凿一定程度上缓解了京城的粮食困难，但从长远看，想从根本上解决粮食问题还得靠政治中心的东移。

洛阳地处今天河南省西部，在黄河中游，居中国版图中部，所谓“天地之中”就在这里。这里地势平坦，

小贴士：广通渠

隋代大运河的开凿始于广通渠。隋取代北周，先是定都在北周的都城长安。长安靠近渭水，不仅潮湿，容易被淹，而且水皆咸卤，隋文帝很不满意，于是新建了都城大兴城。新都建成后，人口日益增多，关中平原产的粮食远远不能满足帝都庞大的官僚阶层的需要。为了打通都城和关东经济区的联系，隋文帝命令宇文恺开凿了这条漕渠，这条渠道以广通渠命名，是因为渠水经过华州的广通仓。这条渠的开通，一定程度上解决了隋朝大兴城的粮食问题，“转运通利，关内赖之”。

河流纵横，土地肥沃，气候温和，是建都的好地方。随着黄河下游地区及江淮地区的发展，洛阳的位置越来越重要，隋政府迁都洛阳，政治上便于加强王朝与黄河下游及江淮地区的联系，经济上可以取得东部地区的物产。因此，随着经济中心的南移，政治中心东移已成为历史的必然。

隋炀帝登基后，兴建的第一项重大工程就是东都洛阳城。隋炀帝选择洛阳建东都，有政治、经济、军事三个方面的原因。从政治上看，为了防止外族入侵，可以就近指挥抗击西北方向的突厥、吐谷浑的侵袭。太行山以东的关东旧齐之地和江南地区的旧陈之地对隋政权仍有很强的离心力，要加强对这些地区的控制，需要将统治中心移向关东（函谷关以东）地区。从经济上看，地狭人繁的渭河平原的粮食产量已远远不能满足庞大的中央政府和军队的需求，随着关东地区经济发展首次超过关中地区，中国经济中心南移成了必然趋势。再者，洛阳的优点是“控以三河，固以四塞，水陆通”，可以承接、转运关东及江南地区运来的漕粮，随着通济渠的开凿，关东和江南地区的粮食可以方便地运到洛阳。而要转运到国都长安，则必须要经过黄河天险三门峡，常常遭遇船翻人亡，得不偿失。因此，长安已不是国都的最佳选择，而洛阳临近关东、江淮等产粮区，经济条件比长安优越，是国都的优先选择。从军事上来看，选择洛阳，也可以在关东地区发生叛乱时迅速出兵，弥补长安在关中“关河悬远，兵不赴急”的缺点。

其实早在北魏时洛阳城就已建成，其规模堪称当时的世界之最。北魏洛阳城分为宫城、内城和外郭城三重城垣。外郭城长约10千米，宽约7.5千米，面积约75平方千米，人口

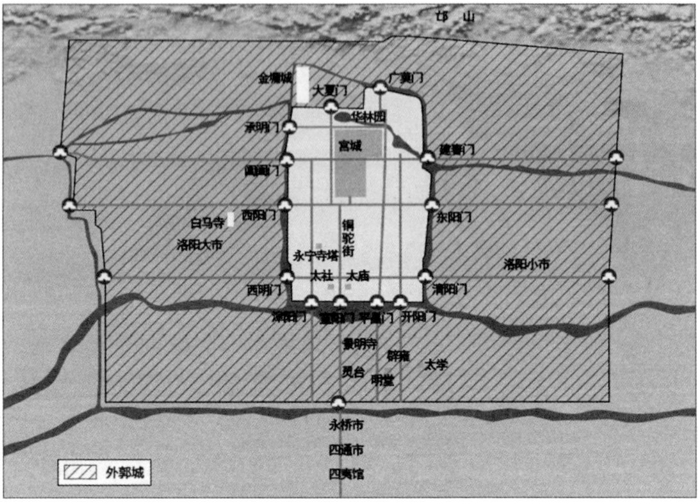

北魏洛阳城示意图

约70万。这就为隋洛阳城的兴建打下了良好的基础。

据《隋书·炀帝纪》记载，隋炀帝于大业元年（605）下令开建东都洛阳城。负责规划工作的宇文恺根据洛阳山川、河流的自然条件，集政治、经济、对外交通和观赏于一体，把东都洛阳城规划设计得十分宏大美观。东都洛阳城的规划基本是依据长安大兴城的布局，由郭城、皇城、宫城三部分组成。只是限于地形，宫城并不在城市的中轴线上，而在西北的高坡上。皇城则围绕着宫城东西南三面，夯筑城墙。郭城是百官和百姓的街坊，共103个里坊。另外，在上春门外，建起诸郡邸100多所，用于接待各郡官员来东都朝见皇帝。在建国门外则设置了四方苑，用以接待外国使者来朝拜隋朝皇帝。

在营建新都的同时，隋炀帝还下令开凿通济渠，从都城西面的西苑引谷水、洛水到达黄河，构成通济渠的西段。由于通济渠不仅供炀帝出巡各地，更要把东南与其他地区的租粮运到东都含嘉仓，然后再转输西京大兴城，因此宇文恺巧妙地利用黄道渠连通谷水、洛水与通

小贴士：含嘉仓

含嘉仓开凿于隋大业元年（605），与通济渠同期建设。据文献记载，唐天宝八年（749），全国储粮约1200万石，而含嘉仓的粮食储量就达到580万石。含嘉仓迄今发现的最完整、储量最大的仓窖遗存是含嘉仓160号仓窖，位于仓城中部。1972年，经考古人员发掘清理，发现仓窖口呈圆形，直径11.1米，窖底有两层，上层为平底，下层为圆底，窖总深6.2米。窖内堆积着大半窖的炭化谷物，按160号仓窖内出土的谷物量推算，单个仓窖在当年储藏时的体量约为250吨。从仓窖内出土的刻铭砖上记载的内容看，含嘉仓的储粮来源主要是河北、山东、河南、江苏、安徽等地。

济渠，把通济渠的停靠码头延伸到皇城，在东太阳门外与承福门外形成一个宽阔的广场，隋炀帝多次出巡活动都是由此处乘船的。同时宇文恺还引瀍河、伊水入城，开凿成几条漕渠，利用便利的水上交通，形成了三处市场：通远市、丰都市和大同市，每个市场都靠近可以行船的河渠，方便货物运输。这样一来，洛阳城交通便利，工商业繁荣，盛况空前。

正是因为洛阳城的规划专门考虑了通济渠的漕运功能，根据考古发掘推测的隋唐洛阳城平面图显示，宫城、皇城以及郭城内的建国门大街等重要建筑，都位于郭城的西半部，即城市中轴线偏在郭城的西半部。宇文恺将谷水引进紫微城，并依水建造了众多池沼，其中最大的池沼即位于紫微城西北隅的九州池。

汴河通淮利最多

就在兴建东都洛阳城的当年，隋炀帝又启动了第二项重大工程，那就是开挖通济渠。大业元年（605）三月，隋炀帝在下令营建东都的同时，又“发河南诸郡男女百余万，开通济渠”，以完成贯通大运河的

“大业”。

我国古代开凿人工运河历史十分悠久，春秋战国时期，各诸侯国为了方便粮食运输和兵力运送，整合局部资源，服务于争霸中原的战略，开始纷纷开凿区间运河。代表性的有徐国的陈蔡运河、楚国的江汉运河、吴国的邗沟和菏水、魏国的鸿沟、秦国的郑国渠和都江堰。因此，春秋战国时期成为中国运河建设的勃兴期。这个时期的区间运河虽然是为了诸侯争霸的目的，但是它们也客观上促进了农业、交通和经济的发展，为后来大运河的两次南北大贯通奠定了坚实的基础。

从春秋时期开始建造区间运河，到秦帝国建立统一的中央集权国家时，覆盖全国的水运网络已基本建成。到了秦代，又开挖了灵渠，沟通湘江和漓江，同时，建立了从济水上溯入黄河，再由黄河上溯入渭水，最后到达位于渭水之滨的咸阳的漕粮运输网络。这一网络，不仅推进了秦国的统一大业，而且对秦代以及以后的各个朝代巩固南北的统一，加强和发展南北政治、经济、文化的联系，密切各民族的团结，起到了积极的作用。

西汉时期，政府为了向京城长安运送漕粮，将运河向西延伸到达关中地区。公元前129年，汉武帝听从大臣郑当时的建议，命令著名水工徐伯率领数万民工，开凿了与渭河平行的漕渠。东汉新开阳渠，将洛水引入，东流穿越谷水，到偃师一带，再回到洛水中。同时，大举整修汴渠，使黄河与淮河之间的人工运河又向西扩展，形成了西起洛阳，经阳渠，连接黄河、汴渠的新的水运航线，把洛阳与中原、江淮等经济区域密切联系起来，为后来以洛阳为中心的隋唐大运河的开凿贯通奠定了基础。

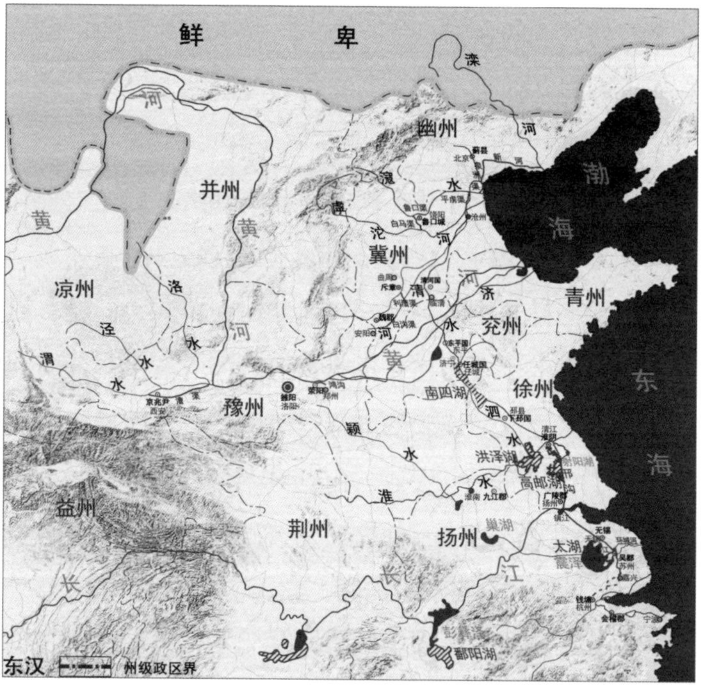

东汉时的全国运河图（《中国大运河申遗文本》）

三国时期，曹操在华北平原开挖白沟、平虏渠、泉州渠、利漕渠等一系列水道，成为后来永济渠的雏形。曹魏、西晋时政府重点在淮河流域开挖了广漕渠、淮阳渠、百尺渠等河道，形成了通济渠的雏形。西晋时在会稽开漕渠，东晋南北朝重点开发南方地区的运河，形成了后来江南运河和浙东运河的雏形。魏晋南北朝时期开凿和修筑的运河加上前代开凿的邗沟、鸿沟水系，形成了一个基本完整的大运河网络。经过从春秋以来1000多年的陆续营建，到隋统一中国之前，以中原地区为中心，贯通东西南北的中国大运河雏形已经初步形成，为隋唐时期对运河大规模开挖整治、全线大贯通，以及内河航运的大繁荣奠定了基础。

在隋炀帝开大运河前，隋朝就有过运河工程。隋代大运河的开凿始于广通渠，后来隋文帝在灭陈战役中也开凿了山阳渎，这也为隋炀帝开凿贯通全国的大运河拉开了序幕。

关于隋炀帝为什么要开大运河，历代以来争议较多，也褒贬不一。但隋炀帝开大运河最根本的原因是为了通漕运，维护国家的统一和政权的稳定，这是不争的事实。隋朝时，长安所在的关中经济区面积有限，而关东黄淮大平原被全部开发出来，粮食产量上升很快。魏晋南北朝以来，江南地区经济发展很快，到了隋朝时长江流域各州郡每年都有足够的余粮。国家粮食储备已主要依靠关东和江南地区。这时候，迫切需要一条连贯主要经济区与政治中心的运输通道。在农业文明时期，水上运输是最方便快捷的，而隋之前，全国已形成了多条区间运河，隋炀帝的最大任务就是贯穿区间运河。这就是大运河开凿的动因。

以洛阳为中心的隋唐大运河的开凿，有其重要的历史背景。

从经济上看，我国古代的经济中心一直在黄河流域，北方的经济比南方发达。但三国、魏晋南北朝之际，长期战乱使黄河流域富庶地区的经济遭受重创。当北方经济衰退之时，南方的经济增速却加快，东晋、南朝时，长江流域已成为新的经济中心。陈朝时，江南已成为中国新的财富地区，而隋炀帝长期驻守扬州，对江南的富庶深有体会，这里的粮食布匹对于京城来说具有很强的吸引力。同时，河北地区已成为另一个新经济区，早在北魏时，政府的开支主要就靠河北。因此，从经济上看，开凿大运河能够解决京城的粮食和其他物资之需。

从政治上看，江南的士族、地方豪强与隋朝中央政权有着尖锐的矛盾。平陈的第二年，南方地区就发生了多次叛乱，隋文帝调集了大军进行镇压，两年才平息叛乱。隋朝在南方设扬州大总管府，总管南方四十四州军事，让杨广坐镇扬州10年，就是为了加强对江南地区的统治。而开凿大运河则可以方便对江南地区的联系，加强对江南地区的政治统治。

从军事上看，从隋朝建国开始，便与突厥、吐谷浑及高句丽对峙。由于边境不宁，干戈不息，隋中央政权必须屯兵边境。同时，为了征辽东，需要大量的物资和粮饷，而江南地区的物资需要通过长途运输才能运到北方前线。陆路运输很难做到，解决军事上的需求，只有开通大运河这一条路。

从漕运的出发地看，大运河的开凿也适应了从关中之漕到江淮之漕，再到江南之漕的转变。秦汉两朝均定都西北长安，当时，全国的经济中心在北方，漕粮多半来自这两个地区，漕运则经由横贯中原的黄河和渭水，因而漕运方向大致为东西向。三国两晋南北朝时期，中国经济中心已出现南移的端倪。但就漕运制度而言，这个时期发展甚微。随着南方经济地位的提高，江南已引起了统治者的关注，并进而认识到这一地区的经济作用。一些统治者开始注意沟通南北水路交通并漕运南方粮食。曹魏正始二年（241），开广漕渠，《三国志·魏志》记载：“每东南有事，大军兴众，泛舟而下，达于江淮。”广漕渠的开发，沟通了北方与江淮地区的水路联系，江淮地区日受重视。到了隋朝，江南地区的经济地位日益提高，经济中心的南移，漕运方向由东西向转为东南西北向。开凿沟通南北的大运河成为必然。

当时，隋朝的经济在隋文帝的励精图治下，已得到了迅速的发展，人口增长快，出现了“衣食滋殖，仓库盈溢”“计天下储积，得供五六十年”的繁荣景象，这

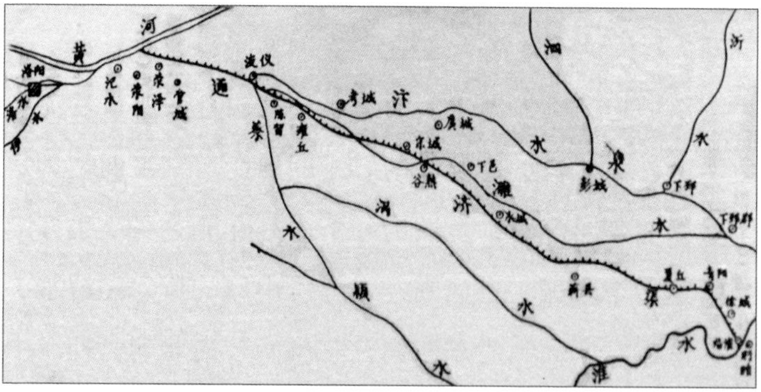

隋通济渠示意图

为大运河的开凿提供了人力和物力支撑。同时，隋朝冶铁技术和造船业的发展也为大运河的开凿奠定了基础。有了通济渠，隋炀帝可以“锦帆应是到天涯”了。

隋朝大运河最早开凿的一段是通济渠，又称汴渠、汴河。通济渠东段可上溯至战国时期（前5世纪至前3世纪）开凿的鸿沟水系，西段始于东汉时期（1世纪至3世纪）开凿的阳渠。隋大业元年（605），隋政府在地方性运河的基础上，统一勘察设计，统一施工修建了通济渠，并于一年之内完成全线建设施工。全渠分为三段：西段起洛阳西苑，引谷水、洛水，向东注入黄河；中段

通济渠故道河南郑州段

通济渠故道江苏泗洪段

从洛口到板渚，主要利用黄河的自然河流；东段起自板渚，引黄河水向东注入淮水，沟通黄河与淮河水系。史籍记载，通济渠宽60—80米，可容纳规模很大的船只通航。

隋开凿的通济渠，全长650千米，连接起了黄河和淮河，耗时半年左右建成。这条运河在后来的唐宋时期继续发挥重要的漕运功能，成为支撑国家经济的交通动脉。因此，唐代诗人李敬方在《汴河直进船》中写道：“汴水通淮利最多。”

第三章　万艘龙舸下扬州

淮南江北海西头

邗沟是隋炀帝开通的大运河的第二段，在隋代大运河的四个段落中航程最短，但作用却最大，历史也最久。邗沟起源于春秋时吴王夫差开凿的古邗沟，是大运河最古老的一段。东汉末年，广陵太守陈登重开邗沟，建成了邗沟西道。东晋时邗沟曾多次改道、修缮。隋开皇七年（587），为了运送士兵和粮草去攻打南陈，隋文帝杨坚曾经开凿过山阳渎，就是邗沟东道。山阳渎水道走向是流出扬州城后，经过湾头绕道到今天的江都宜陵、樊汉，一直向北到射阳湖，然后与淮河相交。

公元605年，在开通济渠的同时，隋炀帝又下令征调淮南诸州郡百姓十余万人开凿邗沟，“自山阳至扬子入江，渠广四十步”。隋炀帝开凿的邗沟水道又回到了汉代陈登所开的邗沟西道上，这条路线取直了邗沟，缩短了江淮之间的距离，“为后世运道直径之始”。而且邗沟与通济渠是同步规划设计，同时完成施工的皇家工程，与通济渠一样，邗沟两侧也遍栽堤柳，一年四季杨柳依依，景色宜人。邗沟两侧还筑有供纤夫行走的御道，一眼望不到头。白居易在《隋堤柳》一诗中写道：“西自黄河东至淮，绿阴一千三百里。”

邗沟重新开通后，江淮之间便直通无阻了。这样一来，加上沟通黄淮的通济渠，从长江边的扬州就可以直接运输粮食到东都洛阳了，“自是天下利于转输”。作为配套工程，隋炀帝又在东都洛阳及运河沿线修筑了

隋炀帝开凿的邗沟今貌

大量官仓，用于储存粮食。洛阳城内的含嘉仓，洛阳附近的洛口仓、回洛仓都是重要的皇家粮仓。这些粮仓贮存的粮食都是通过大运河从东南地区运来的。据《大业

小贴士：回洛仓

回洛仓是隋代大运河沿线的大型国家性漕仓之一，具有完整的仓城格局和众多仓窖遗址，全面反映了隋代漕运粮食储藏的情况，是隋代大运河漕运情况的实物见证。回洛仓建于隋大业二年（606）。《资治通鉴》记载，隋炀帝大业二年十二月，在洛阳北边七里的地方建了回洛仓，仓城周长十里，设置300个粮窖。据《文献通考》记载，大业年间，隋政府设置洛口仓和回洛仓，建了3300个粮窖，平均每个粮窖可以储存8000石粮食。回洛仓后来在隋末农民战争中被毁坏，之后逐渐荒废埋于地下。回洛仓城整体呈长方形，东西长1140米，南北宽355米。东南角距隋唐洛阳城北墙1000米，西南角距北墙1100米。仓城南墙宽3米，东、西墙宽3.7米，北墙宽2米，仓城分为管理区、仓窖区、道路等几个部分。迄今为止，考古勘探发现的回洛仓仓窖数量约为200多个，据考古专家分析，根据其分布规律初步推测整个仓城内至少有700座仓窖。2011年的考古发掘证明回洛仓的规模比史书记载扩大了好几倍。

杂记》记载：“街西有子罗仓，仓有盐二十万石。子罗仓西有粳米六十余窖，窖别受八千石。”据考古发现，洛阳附近的回洛仓整个面积相当于现代50个足球场那么大，有700余座仓窖，一个仓窖的容量就有50万斤，储存的粮食数量之大，可以想象。

舳舻千里泛归舟

从洛阳到扬州重要的一段大运河开通后，隋炀帝想念他曾经镇守了10年的江都，便准备沿着运河到故地重游，这就有了隋炀帝一下江都。

为了下江都，刚登上皇位一年的隋炀帝耗费大量民力财力，开通了通济渠和邗沟，洛阳到江都的水上通道全部贯通，大功告成。有了水上通道，当然少不了交通工具。于是，隋炀帝派黄门侍郎王弘等去江南采购造船用的木材，造了龙舟、凤艒、黄龙、赤舰、楼船等数万艘，这样下江都的交通工具也齐备了。舒适的交通工具有了，沿途住宿也要考虑，隋炀帝又下令从长安到江都沿线建造了40多座豪华行宫。这样，无论走到哪里，都有专门的住处了。船需要人拉纤，坐在船上也要赏景，

隋炀帝下江都场景微观模型

于是通济渠和邗沟“渠旁皆筑御道，树以柳”，方便拉纤的纤夫及护卫的骑兵行走，景色也相当不错。

万事俱备后，大业元年（605）八月，也就是隋炀帝继位一年后，隋炀帝就开始了一下江都。这次南巡，前往东都奉迎隋炀帝的船只就有数千艘，组成了规模庞大的舰队。据《大业杂记》记载：船队共有5000多艘船只，有龙舟1艘、翔螭1艘、浮景舟9艘、漾水彩舟36艘、五楼船52艘、三楼船120艘、二楼船250艘、板榻200艘、朱鸟航24艘、苍螭航24艘、白虎航24艘、玄武航24艘、飞羽舫6艘、青凫舸10艘、凌波舸10艘、黄篾舫2000艘、平乘500艘、青龙500艘、艨艟500艘、艚舟500艘、八櫂舸200艘、艀艋舟200艘，总计5191艘。这么多船只在大运河上排开，头船到尾船连接起来，竟有200里长。在岸上拉纤的纤夫就达80000多人。一下江都阵势浩大，气势非凡。

隋炀帝乘坐的是龙舟，规模相当大，龙舟高45尺（13.3米），宽50尺（14.75米），长200尺（59米），像一座浮在水面上的巨大宫殿。龙舟共四层，最上面一层有正殿、内殿、东西朝堂；第二、三层有160间房屋，丹粉装饰，金碧辉煌；第四层是内侍和水手工作的场所。龙舟用6条青丝大绦绳牵引，两岸分别派人拉纤，这样庞大的龙舟在运河中也只能靠人拉纤才能前进。皇后乘坐的是翔螭舟，规模仅次于皇帝的龙舟，但装饰却与龙舟一样奢侈豪华。妃嫔乘坐的是浮景舟，比龙舟少一层。而贵人、美女、十六院夫人乘坐的是漾水彩舟，有两层，又名大朱航。这样，皇上皇后的龙舟四层，嫔妃的三层，贵人、美女、夫人的两层，而其他王公、随行官员则按官品高低分别乘坐不同的船只。随行人员多达10万人。

小贴士：殿脚女

大运河开通后，隋炀帝下江都的船队需要大批拉纤的民夫，这些民夫有男有女，统称“殿脚”，而牵挽龙舟的女子则称为“殿脚女”。《资治通鉴》卷180中说隋炀帝下江都时的船队“共用挽船士八万余人，其挽漾彩级以上者九千余人，谓之殿脚，皆以锦彩为袍服”。唐代传奇《开河记》一书中记载：“工既毕，上言于帝，遣决汴口，注水入汴渠。帝自洛阳迁驾大渠，诏江淮诸州，造大船五百只。龙舟既成，泛江沿淮而下。到大梁，又别加修饰，砌以七宝金玉之类。于吴越间取民间女年十五六岁者五百人，谓之殿脚女。”古代已婚的女子称为妇，未婚的称为女，因此殿脚女应该是纤夫中未婚的女子。

浩浩荡荡的龙舟船队从洛阳西苑出发，沿着大运河向江都驶去。司马光在《资治通鉴》中记载道：“舳舻相接两百余里，照耀川陆，骑兵翊两岸而行，旌旗蔽野。”船队历时50天才全部出发完毕，可见阵势多么壮观。队伍所经过的州县，五百里内都要进献食物。多的一州要献食百车，极尽水陆珍奇。为供给这么庞大的队伍的食宿，沿途官员可算是绞尽脑汁，费尽心神，既劳民又伤财。每天为船队献食从役的人都在十万以上，以致沿途农民不得安宁，百姓叫苦不迭。南巡的船队加上两岸护卫的士兵共有二十多万人，像一股洪流沿着新开的通济渠、邗沟一路南下，直到这年九月才抵达扬州。

在船上的隋炀帝却是意气风发，踌躇满志。他作了一首《泛龙舟》诗，描写了船队的壮观，也抒发了他当时的心情：

舳舻千里泛归舟，言旋旧镇下扬州。
借问扬州在何处，淮南江北海西头。
六辔聊停御百丈，暂罢开山歌棹讴。
讵似江东掌间地，独自称言鉴里游。

隋炀帝来到了江都，带给江东父老的第一件礼物，就是宣布大赦江淮以南，扬州给复五年，旧总管辖区内给复三年。所谓给复，就是免除租赋。这真可谓隆恩浩荡，对当地老百姓来说是天大的好事。隋炀帝还纳了陈后主的六女儿陈娟为贵人，这一政治联姻是为了密切南朝人士与隋政权的关系，融合南北。其实，隋炀帝南巡还负有重大的政治文化使命，随行人员中有中原的博学鸿儒、文学名家，他们与江南人士进行了广泛的文化交流。隋炀帝还任用江南著名大儒徐文远、褚辉、陆德明、鲁世达等为学官。他还带了大批僧尼道士，在江都做了四次道场，讲经弘法，以此缓和南北矛盾。从大业元年（605）九月到大业二年（606）三月，隋炀帝在江都半年时间内，广泛接触江南各界人士，笼络了大批江南豪门和文化名流。第二年春天，隋炀帝乘龙舟离开了江都，沿运河北上，到了洛阳。正好洛阳新城刚刚落成，隋炀帝举办了隆重的入城仪式，圆满地完成了首次南巡的任务。

言旋旧镇下扬州

关于隋炀帝下江都的原因，历史上也有不少争论。有人认为隋炀帝下江都纯粹是为了个人享乐，因而大讲排场，奢华浪费。还有人说，隋炀帝开运河下扬州，是为了到扬州看琼花。白居易在《隋堤柳》一词中将“大业年中炀天子”说成一个昏君，连隋堤杨柳也成了“亡国树”。这些看法有失偏颇。其实隋炀帝下江都，不是

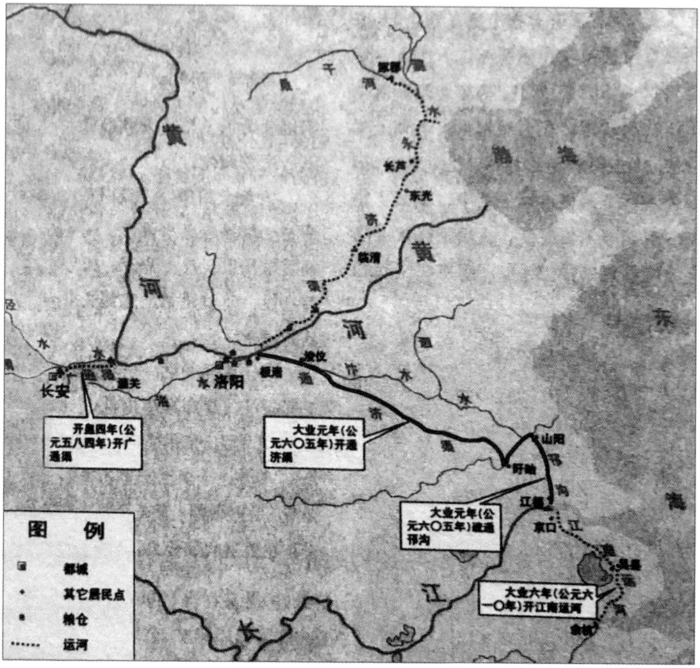

隋炀帝下江都巡游路线（《话说中国》第九卷）

为了看琼花、看美女，满足其个人的穷奢极欲，其下扬州的原因是出于政治经济发展的形势需要，是着眼于江南重要的经济政治地位，是为了加强和巩固隋朝的政治统治。隋炀帝南巡的目的，首先在于安抚江南，加强对江南控制；其次是为了让外国使臣一睹锦绣江南的富庶，抚慰北方少数民族，最终目的是维护隋朝大一统的局面。带着庞大的队伍下江都，隋炀帝有着自己的深远谋略：

一是加强对江淮地区的控制。平陈之后，杨广在开皇十年（590）担任扬州总管，直到开皇二十年（600）被立为太子，在这10年里，他一直驻守扬州。扬州是隋军进攻陈朝的重要根据地，是江南重镇、富庶之地，具有重要的政治、军事、经济地位。以扬州为代表的江南地区，在隋文帝时就已成为除黄河中下游之外的另一个重要经济区，是隋朝财力物力的支柱之一。长江中下游的扬州、荆州，在隋朝经济中的地位日益重要，特别是“三吴奥区，地惟河、辅，百度所资，罕不自出”，逐步成为隋朝的重要经济来源。江南地区经过东晋南朝的数百年经营，已成为与北方一样的繁华地区。六朝时期作为中国的经济、文化、政治、军事中心的建康城是世界上第一个人口超过百万的城市，繁荣程度已经能同长安、洛阳相媲美。三吴地区的粮食产量已超过了北方地区。江南地区加上江淮地区经济在快速发展，而中原地区因为战乱，人口越来越少，经济发展水平已逐步不如江南和江淮。杨广在江都生活了10年，对江南的一山一水都十分熟悉，如何沟通政治中心与经济中心的联系，已成为雄才大略的杨广思考的重要问题之一。也许开凿贯通南北的大运河早在他坐镇扬州时就已构想成熟了。

二是笼络南方士家大族。这也是他在扬州这10年中所形成的理念。东晋衣冠南渡的豪门大族在江南扎根后，形成了强大的士族阶层。这些人自认为是汉族的正统传承，对带有少数民族血统的隋朝统治者不太认同。杨广长期坐镇扬州，对于江南地区潜在的反隋力量及斗争形势，有比较清醒的认识。江南是陈朝的中心地带，灭陈之后，这里就曾发生过高智慧、王国庆等人的大规模起义。江南一直是隋朝统治的隐患，隋文帝也曾说过“广陵、荆州皆作乱之地”。这一带的小规模叛乱一直未停息，如开皇十七年（597）六月，原陈将萧摩诃的儿子萧世略在江南作乱；仁寿元年（601）潮州、成州等五州的少数民族造反；仁寿二年（602），交州俚帅李佛子作乱；大业初年，番禺夷、僚相聚为乱。如何更好地控制江南地区，加强和巩固大一统的隋朝统治，也成了杨广当政后必须思考的重要问题之一。杨广早在任扬州总管时，就对江南人士采取了文化笼络政策，即位后，更是任用江南著名大儒徐文远、褚辉、陆德明、鲁世达等为学官。江左地区一大批文学之士不受政治分裂的限制来到长安。而隋炀帝下江南的重要目的，也是为了笼络江南士族。因此，隋炀帝下江都时，在铺张排场的背后，也有着其重大的政治背景和文化使命：要以皇帝至高无上的尊严震慑江南，联络南人的感情，促进南北文化融合。另一方面也看出隋炀帝这次出巡江都达到了向南方士族和外国使节展示隋朝经济强盛的目的，对稳固民心，维护隋朝的统治也能起到一定的作用。

三是联络晋王府的旧部。隋炀帝南巡也是为了联络旧部，赏赐为自己夺嫡成功鞍前马后效劳的藩邸旧臣，进一步稳固自己的政权。比如在东平郡（今山东郓

小贴士：扬州炒饭的传播者

扬州有一种说法，隋炀帝下扬州还直接催生了天下第一名菜扬州炒饭。研究者说扬州炒饭的发明者是隋炀帝的叔叔、越国公杨素，依据是隋炀帝的尚食直长（官名，供奉皇帝膳食）谢讽写的一本御宴食谱，名叫《食经》，书中有这六个字：“越国公碎金饭”。越国公杨素把这道菜献给了沿大运河南巡江都的隋炀帝。这种饭菜合一的“碎金饭”让隋炀帝食欲大增，他下江都时一路“带货”，使得扬州炒饭的香味弥漫于运河全线。

城），太守吐万绪在河岸边迎谒龙舟时，隋炀帝让他登上龙舟，对他问长问短，吐万绪激动不已，大表忠心。隋炀帝又加封吐万绪为金紫光禄大夫。如此种种，笼络人心，目的为稳固自己的统治。

四是了解民心民情。大业五年（609），隋炀帝与大臣蔡征讨论天子巡狩之礼时，他问：“自古天子有巡狩之礼，而江东诸帝多傅脂粉，坐深宫，不与百姓相见，此何理也？”蔡征回答说：“此其所以不能长世也。”可见，隋炀帝开大运河，下江南，不是为了个人的享乐，而是为了避免成为像南朝皇帝一样的亡国之君，是为了笼络南方的世家大族，从而加强对南方地区的政治、军事控制，最终为了隋朝统治的长治久安。

第四章　千里长河一旦开

回看永济日初高

通济渠、邗沟大功告成之后，尝到甜头的隋炀帝又决定在黄河以北再开一条运河，即永济渠。大业四年（608），隋炀帝又兴师动众，征调河北各郡男女一百多万开凿永济渠。南引沁水通黄河，北通涿郡（治蓟城，今北京）。永济渠是在曹操时期开凿的白沟故道的基础上修凿而成的，以黄河边通济渠对岸的沁水入黄河处附近为渠口，向东北方向挖人工运河会合清河（卫河）、淇水，经过新乡、滑县、浚县、卫县（今河南淇县），在卫县段的淇水之上筑分水入渠的淇门，然后流经黎阳（今河南浚县东北），再从内黄县、洹水县之间向北流去，经魏县（今河北大名县西）、贵乡（今河北大名县东北）过馆陶县，再经临清、武城、东光到沧州，向北到今青县、静海，到“独流口”折向西北，接桑干河

今天河南滑县卫河曾是永济渠的一段

（今永定河一段），到达涿郡。永济渠是隋唐大运河中最长的一段，全长2000余里。永济渠的开凿，完成了洛阳以北大运河的开通，使大运河形成了一个“Y”形。

永济渠是朝廷调运河北地区粮食的主要通道，也是漕粮南运的通道，同时也是加强对北方军事控制的重要运兵通道。永济渠开凿的直接目的是征伐高句丽。永济渠的终点涿郡蓟城地理位置十分优越，是北方的军事重镇。大业七年（611），隋炀帝带领大军征伐高句丽就是沿着永济渠到达涿郡的。

开凿永济渠，可见隋炀帝的远见卓识。永济渠的开凿为涿郡蓟城（今北京）从秦汉以来的地区性中心逐渐发展成为全国性的中心提供了基础条件。隋唐时代，永济渠为巩固东北边疆地区提供了重要保障。辽金元时期，永济渠又为北方民族进入内地，在北京建立北方民族的政治中心提供了良好的条件。可见，永济渠对促进多民族的融合，发挥了重要的历史作用，在中华民族发展壮大的历史过程中有着不可磨灭的贡献。

舟从广陵入会稽

大业六年（610），隋炀帝又下令在原春秋至秦汉已开挖水道的基础上，开凿江南运河，这段运河是隋炀帝所开凿大运河的最南一段，沟通了长江水系与钱塘江水系。河道自京口（今江苏镇江）至余杭（今浙江杭州），长800余里，河面宽十余丈，可通行龙舟。有人认为，江南河在隋以前就已经有了河道雏形，大业六年（610）的“穿江南河”不过是对六朝以来的江南运河加以开阔、疏浚而已，其实工程量并不大。因此，开江南河在《隋书》《北史》上都没有只字记载。只是《资治通鉴·隋纪》提及：大业六年（610）冬，“敕穿江南河，自京口（今江苏镇江）至余杭（今浙江杭州），八百余里，广十余丈，使可通龙舟，并置驿宫、草顿，欲东巡会稽”。

隋代在以前的河道基础上，对江南运河进行全线整治，并确定了江南运河主航道的线路，即从长江京口运口起，向南经曲阿（今江苏丹阳）、毗陵（今江苏常州）、无锡、吴郡（今江苏苏州）、嘉兴，经过上塘河至余杭（今浙江杭州）接钱塘江。江南运河北渠首京口，隔长江与江都（今江苏扬州）的瓜洲渡口相望，使江南运河与邗沟直接连通，通过水道可以将江南的粮食赋税输送到东都洛阳。同时，又对前代开凿的浙东运河航道加以整治，使大运河越过钱塘江沟通宁绍平原。李白曾有诗云：“舟从广陵去，水入会稽长。”

江南运河嘉兴段

江南运河纵贯太湖流域，连接长江和钱塘江干流。隋朝时期，长江三角洲及浙东一带已是经济发达地区，其富饶程度已超过关中的八百里秦川，成为与黄河下游的关东地区并列的两大粮食产区。可以这样说，江南运河是古代江南地区经济繁荣的历史见证，也是江南地区社会经济发展的支柱之一，大大促进了江南地区的城市发展。江南运河北接邗沟和通济渠，这样，江南地区的粮食可以顺利通过水上运输到西北地区的政治中心，为国家政治稳定、经济发展作出了不可磨灭的贡献。

江南北国脉相牵

隋炀帝即位后的短短6年时间，一条以洛阳为中心，北到涿郡，南到会稽，沟通国家政治中心与经济中心，串接五大水系，全长2700千米的大运河终于全线贯通，成为中国历史上第一条全线贯通的人工运河。隋炀帝先后开凿疏浚了由黄河进入汴水，再由汴水进入淮河的通济渠；还有从淮河进入长江的邗沟；引沁水向南到达黄河，向北到达涿郡的永济渠。从京口（今江苏镇江）到达余杭（今浙江杭州）的江南河；大运河从北方的涿郡到达南方的会稽，南北蜿蜒长达五千多里（2700多千米）。隋代大运河的四段永济渠、通济渠、邗沟、江南河，加上隋文帝修的广通渠、越过钱塘江的浙东运河，构成了沟通全国的水上运输体系，使江南和华北地区的漕粮可以通过水路一直运送到京城长安和洛阳，也可以输送到北方前线，对国家政权的稳固和经济文化的交流发挥了重要作用。隋代大运河是我国古代劳动人民创造的伟大奇迹，我们不能抹杀当时的最高统治者隋炀帝杨广的功劳：他在即位之初，就以极大的魄力、高瞻远瞩的战略眼光发动并规划了这一伟大工程，并推动这一工程在短短的6年时间就全部完成。尽管这一工程利用了一些旧水道，但大运河的开凿是总体规划，分段施工的。每一段都是一次设计、一次施工、一次通航，在勘察测量、利用天然水体、平衡水位差、节制水量等方面充分体现了高超的建筑技术。隋代大运河在隋亡后的1000多年中，一直是国内沟通南北的交通大动脉和南北经济文化交流的生命线，为中国统一的中央集权制度的存在和发展发挥了重要的作用。

隋代大运河的修治与经营是中国古代以农业立国的中央集权国家维持自身经济命脉的必要手段。自西晋末年开始，在长达数百年的南北朝时期，中国都处于南北分裂的政治格局之下，直到隋代才重新出现了大一统的帝国。作为大一统帝国，拥有大批的官僚阶层和军队，还有京城上百万的人口，而要养活这么多的人口就需要大批的粮食。中国的经济中心自南北朝后（5世纪至6世纪末）逐渐由北方地区转向南方地区，因此在从5世纪到20世纪初的一千多年中，中国都处于经济中心与政治军事中心分离的局面。隋代黄河中下游和长江中下游虽然同为基本经济区，但国家重心的发展趋势依然是从西向东。为了紧密联系南方地区的经济中心与北方地区的政治军事中心，保证南方的赋税和物资能够源源不断地运往北方，满足政治军事中心的需求，对于隋代政府来说，开辟并维持一条纵贯南北的运输干线，就成为极具战略重要性的政治举措和统治需要。而在中国古代，生产力不发达的条件下，水路运输是最经济、最便捷的一种运输方式，因此纵贯南北的大运河就应运而生。

隋代大运河也促进了运河沿线地区的经济和社会的发展繁荣。隋朝大运河以会稽、洛阳、涿郡为三点，江南河、邗沟、通济渠、永济渠四段，将钱塘江、长江、淮河、黄河、海河五大水系连接起来。全长2700千米的大运河把中原同江南、河北和关中地区连接起来，初步形成以洛阳为中心，东北方向到达涿郡，东南方向延伸

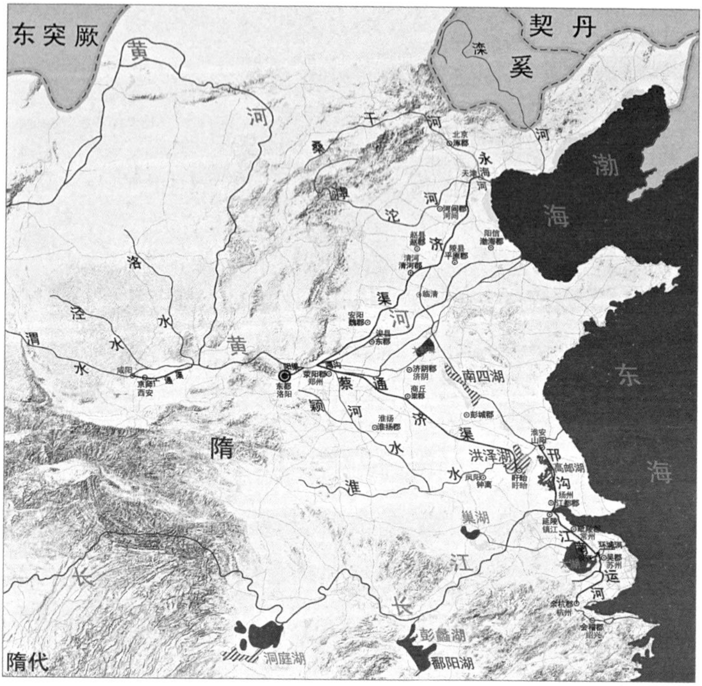

隋炀帝开凿的大运河示意图（《中国大运河申遗文本》）

至江南的一条“Y”字形运河，在中国历史上第一次建成了从南方重要农业产区直达中原地区政治中心和华北地区军事重镇的内陆水运交通动脉。它不仅便利了江南财物向洛阳、长安的转输，而且加强了隋朝对南方地区及河北、辽东地区的政治、军事控制，大大加强了我国南方和北方的经济文化交流，对此后唐宋时期中华帝国的发展巩固发挥了至关重要的作用。《中国大运河申遗文本》是这样评价中国大运河的价值的：“它实现了在广大国土范围内南北资源和物产的大跨度调配，沟通了国家的政治中心与经济中心，促进了不同地域间的经济、文化交流，在国家统一、政权稳定、经济繁荣、文化交流和科技发展等方面发挥了不可替代的作用。”

资储遍天仓廪实

隋代大运河的开凿，使沟通政治中心与经济中心的交通线有了新的发展。大运河全线贯通后，大批的粮食贡赋从南方源源不断地运往北方。这么多的漕粮需要粮仓来储存，隋炀帝又下诏修建了一批皇家粮仓，以洛阳为中心，形成了“濒河仓廪”的格局。在运河沿线的皇家粮仓，有含嘉仓、常平仓、黎阳仓、广通仓、洛口仓、回洛仓、子罗仓。隋朝资储遍于天下，其仓窖中的粮食之多，在《通典·食货》卷7中有描述：隋朝西京有太仓，东京有含嘉仓、

洛阳含嘉仓出土的刻铭砖

小贴士：黎阳仓

黎阳仓是隋唐时期（6世纪到9世纪）的重要官仓之一，《资治通鉴》卷175记载：开皇元年（581）十二月，隋文帝因为长安仓廪还不够充实，于是下诏在卫州建了黎阳仓，用来储存漕粮，并设置募运机构，专门负责沿黄河向长安转运漕粮。黎阳仓是隋唐时期国家粮食转运基地，也是隋唐时期平定东北边境的后方物资供应基地，具有重要的战略地位。隋朝时黄河以北各州征收的粮食，都先集中在黎阳仓，然后经黄河或者永济渠运往洛阳。由于黄河与御河之间并不通航，从黄河来的漕船过黄河后卸船，需经过陆运转运到黎阳仓，再装船入御河，向北运往华北的边境地区。

回洛仓遗址的仓窖群

洛口仓，华州有永丰仓，陕州有太原仓，储存的米粟多的有千万石，少的也不少于数百万石。天下的义仓，又都充满。京都以及并州库存的布帛各达到

黎阳仓考古遗址

数千万。虽然隋炀帝时期征伐高丽，耗费极多，但直到隋朝灭亡时，隋朝政府储存的粮食，仍然可以供全国各政府机构和军队消耗50年。隋朝仓储之所以这样充实，与大运河十分强大的运输功能是密不可分的。在大运河申遗过程中，考古发现了数座隋代国家粮仓，这也充分说明了隋代大运河的强大运输功能。分布在黄河和通济渠、永济渠沿岸的皇家仓储，也为唐代的漕运发展打下了坚实的基础。

运河城市皆兴盛

隋炀帝开通的大运河掀起了运河沿岸城市发展的第一波浪潮。隋朝首都大兴城是当时最重要的城市，同时又是经济文化中心。《隋书·地理志》描写了大兴城的繁华：“俗具五方，人物混淆，华戎杂错。”由于大运河的开通，“四方之物汇聚京师，太仓储米多至千万石”。因为仓库都装满了粮食，只好另外找地方建新的仓库来存粮。京城之地，人才荟萃。“四海九州，强学待问之士，靡不毕集矣”。东都洛阳因为通济渠与永济渠交汇点的特殊位置，而成为大运河的中心点，无论是各地的漕船还是商船都集中在洛阳，被隋朝廷作为陪都。洛阳城十分巨大，有外郭城、皇城、宫城、东城、含嘉城、圆壁城和曜仪城。因为是大运河的中心枢纽，

隋东都洛阳城遗址

大运河扬州段夜景

商业格外繁荣。当时的商业交易在三市中进行，特别是通远市靠近漕渠，“其内郡国舟船舳舻万计”，经漕渠入运河“可通大船入市”。因为漕渠与汴河、永济渠的贯通，这里成为商品集散地，全国各地的商品通过运河运到这里，再通过漕渠运进洛阳三市，洛阳三市的商品通过运河运往外地销售，甚至外国商船在这里也相互转销。

隋代大运河在源源不断地从东南地区运出漕粮的同时，也带动了东南地区的开发建设，提高了东南地区经济文化水平，特别是促进了一批沿岸工商业城市的兴起与繁荣。汴州（今河南开封）、宋州（今河南商丘）、楚州（今江苏淮安）、扬州、润州（今江苏镇江）、常州、苏州等都是当时著名的运河城市。扬州作为南粮北运的起点，成为大运河的中心城市，隋炀帝的数次南巡，更加促进了扬州的繁荣。扬州成为南北水路交通的枢纽和财货的集散中心，中央必须依仗江淮地区的财富，而江淮以南八道的漕粮都要从扬州北上，以致“舟船的桅杆密密麻麻，车辆的轮毂像鱼鳞一样集中”。通济渠畔的商丘古称宋州，在隋唐宋时期因为大运河的开通，繁华一时。

第五章　惆怅龙舟更不回

隋炀帝开通纵贯南北的大运河在解决隋朝的粮食问题的同时，促进了全国性的商品流通和人员往来，也促进了中外的经济文化交流。大运河联通起陆上丝绸之路和海上丝绸之路，搭建起了中国和海外诸国交流的桥梁。但隋炀帝滥用民力，影响了农业生产，通过运河运兵前线，大动干戈，征讨高句丽，消耗大量国力民力，也激化了国内矛盾，引起了大规模的农民起义，加速了隋朝的覆亡。

开通科举选贤能

随着大运河的开通，隋朝的国力显著增强，隋炀帝开始大修文治武功，以求实现功盖秦汉的政治理想。而隋炀帝文治方面最杰出的成就是设立进士科，开创科举制度。隋朝以前，国家选拔官员先后实行过贵族世袭制、

反映隋以前选拔人才制度的“奉旨选举孝廉方正”匾

征辟察举制和九品中正制，基本上是在贵族中选拔人才。隋炀帝即位后，创设进士科，将考试作为录用官员的唯一标准，开创了科举制度，这一新的选官制度影响了中国社会经济文化的方方面面。

大业三年（607），隋炀帝下诏书，征召十科举人。后来又将十科改为四科，进士科为科举的第一科。作为一种选官制度，科举重在才能，分科公开考试选拔人才，张榜公布成绩。能否担任官员的关键是看你的考试成绩。科举制度以文辞和经术设科考试，与过去的征辟、察举制度相比，显得更为公平。特别是科举制度让官员不再局限于由世家贵族担任，平民百姓通过考试也可以做官了，从而拓宽了选人用人渠道。科举制打破门第、地域、年龄等界限，具有相当大的开放性和一定程度的竞争性，学子通过考试公平竞争，优胜者当官，这在古代社会是相对公平的一种选官制度，为充分选拔人才提供了必要条件。在科举制度的激励下，寒门士族学子开始头悬梁锥刺股，努力通过科举来摆脱卑微的身份。全国上下，掀起一股好学之风。

通过科举，隋炀帝将选择官员的大权牢牢掌握在自己手中，加强了中央政权的集中统一领导。科举将读书、考试、当官三者联系在一起，使不少知识精英通过考试当上了官员，从而提高了国家机构管理人员的总体素质。科举确实为封建帝国选拔了一批人才，如唐代的大臣房玄龄就曾在隋代考中进士科。实施科举制客观上打击了门阀世族，在一定程度上也得罪了关陇贵族，为以后关陇勋贵起兵反隋埋下了隐患。

隋炀帝实行的科举制度是一种彻底打破血缘世袭关系和世族垄断的先进人才选拔制度，是我国教育史上一大转折点。通过考试选拔人才，从此寒门也能出贵子，为古代中国选拔人才作出了极大的贡献。此后一千多年，科举这种自下而上的分级考试制度，成为中国封建王朝选拔人才的主

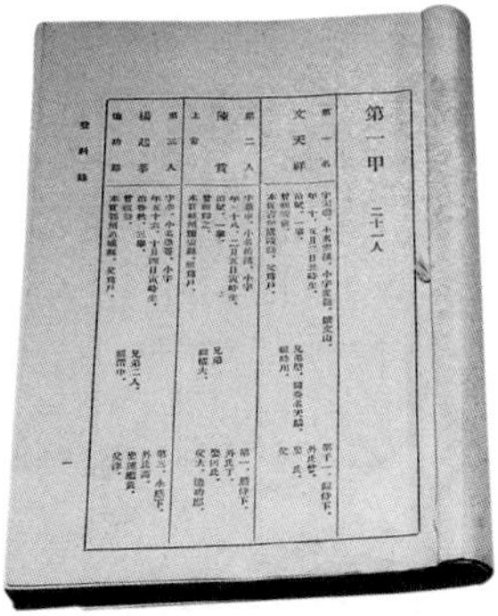

宋代登科题名录

要途径，与以前的九品中正制相比，为广大知识分子打开了进入官僚阶层的通道。科举使学校培养学生的目标和内容发生了质的变化，科举考试的内容成为学校教育的内容。科举又把权力、财富、地位与学识联系在一起，造就了中国古代重才、重教育的优良传统。

北巡突厥慑草原

隋炀帝的“奄吞秦汉”之业，不仅表现在文治，也表现在对外的威服四夷、扩张远略上。大运河的开通，使隋朝国力逐步强盛，长安、洛阳两都的粮仓都充满余粮，军队的给养也供应充足。特别是邗沟、通济渠、永济渠成为隋朝向北方派兵的通道。隋炀帝即位后改变了文帝时的对外政策，开始积极对外经略。在对外的战争中有胜利的喜悦，也有失败的教训。

隋朝的外患主要来自北方草原，经过20多年的战争与招抚，炀帝时东突厥已归顺隋朝，隋对北方草原实施了羁縻政策。东突厥的领袖启民可汗，一方面在隋朝领导下统治北方草原民族，另一方面也为隋保卫北部边疆。启民可汗经常入朝拜见皇帝。隋炀帝为了威加四方，决定亲自到草原上巡狩。大业三年（607），隋炀帝由京师出发，开始了首次北巡。这次出塞主要想在草原地区展示隋朝的强大，因此，隋炀帝不仅带了文武百官，而且带了50万的军队。为了向草原民族夸耀大隋朝的实力，炀帝命令宇文恺率领中原的能工巧匠在榆林东面的草原上，按照突厥牙帐形式，设立了一座大帐，帐中可容纳数千人，比可汗的牙帐大了数十倍。又造了一座“观风行殿”，皇帝、大臣及数百名侍卫可以在上面乘坐，还可以拆并离合，因为下面有轮轴，也可以“推移倏忽，有若神功”。在“行殿”的两边还配有护卫。

启民可汗召集所部诸国及奚、契丹、室韦等部落的首领齐集牙帐，恭候大隋天子的到来，同时发动全境牧民举国就役，为隋炀帝开御道，从榆林北境直通启民可汗的牙帐。隋炀帝一行50多万人的队伍，规模空前，加上闻所未闻、见所未见的能移动的“宫殿”，让草原上的人看得震惊万分，“胡人以为神”“莫不惊骇”，折服于中华文明的伟大。隋炀帝行经御道来到启民可汗牙帐，启民可汗率草原部落的首领卑躬屈膝，恭敬跪拜，不敢抬头仰视。隋炀帝看到自己扬威塞外，威震北疆的目的完全实现了，兴致十分高涨，即兴赋诗一首：

榆林镇北台

鹿塞鸿旗驻，龙庭翠辇回。

毡帷望风举，穹庐向日开。

呼韩顿颡至，屠耆接踵来。

索辫擎膻肉，韦鞲献酒杯。

如何汉天子，空上单于台。

自秦汉以来，中原的汉王朝与北方的游牧民族之间的战争连绵不断，即使当初强悍的汉武帝，虽然沉重地打击了匈奴，但也没有根本解决“胡患”，更没有出现中原王朝的天子能够君临边塞的盛大场面。通过此次出巡塞北，隋朝获得了北方的安定。

西征吐浑设四郡

在西部的青藏高原上，存在着一些少数民族政权，吐谷浑是其中一个较大的国家，也叫吐浑，曾多次随突厥入侵隋朝边境，成为仅次于突厥的隋朝第二号敌国。隋炀帝即位后，吐谷浑首领伏允让他儿子顺入朝，炀帝将顺扣留在京师，与西突厥东西夹击吐谷浑，伏允被迫向隋投降。大业四年（608），隋大将宇文述兵至临羌城（今青海湟源县），消灭了吐谷浑的残部。这样，临羌城以西，且末（今新疆且末县）以东，祁连山以南，雪山（今昆仑山和巴颜喀拉山、阿尼玛卿山）以北，东西4000里，南北2000里，都为隋朝的国土。

大业五年（609），隋朝对吐谷浑的第一次讨伐大胜后，隋炀帝为了加强对河西地区的控制，决定西巡河西走廊。中国历史上统一王朝的皇帝亲自巡视大西北，隋炀帝是唯一的。在经过精心准备后，隋炀帝“慨然慕秦皇汉武之功，甘心将通西域”。这年三月，隋炀帝带领文武百官、大批军队开始了西巡。五月，隋炀帝来到长宁谷（今青海西宁北川），部署对吐谷浑的最后围剿。经过多次局部战争，终于灭掉了吐谷浑。

小贴士：吐谷浑

吐谷（yù）浑（313—663），慕容吐谷浑所建国名，也称为吐浑，是西晋至唐朝时期位于祁连山脉和青海的黄河上游谷地以及凉州的一个独立国家。西晋末期，首领吐谷浑率部西迁河西走廊，建立国家。到他的孙子叶延时，开始以祖名为族名、国号。南朝称为河南国。东晋十六国时期，吐谷浑控制了青海、甘肃等地，与南北朝各国都有友好关系。公元608年，隋朝进攻吐谷浑，击败伏允，隋炀帝设西海、河源等四郡。

六月初八日，隋炀帝决定率部队穿越祁连山，北上河西走廊。在祁连山脚下，十多万人排成一条长蛇阵，开始了穿越祁连山谷的人间壮举。山上寒风刺骨，士卒多有冻死，损失十分惨重，但最后大部队还是成功地穿越了祁连山。隋炀帝的冒险精神和坚强意志在古代帝王中是极为少见的。三天后，胜利穿越祁连山的隋炀帝一行来到张掖郡城，结束对吐谷浑的巡行。在这里，他决定在吐谷浑的旧地上设立四郡，分别为西海郡、河源郡、鄯善郡、且末郡。这四郡地跨今天的青海、新疆，

险峻的祁连山

隋炀帝是第一位将青海纳入中原王朝版图的皇帝，超过了汉武帝时的控制范围。司马光评价说："隋代之盛，极于此矣。"四郡的设立促进了羌汉民族融合，又在河西走廊开辟了一条新的丝绸之路。

隋炀帝西巡的第二个目标是通西域，招徕西域诸国来朝。经过一周的休整，隋炀帝一行来到燕支山，搭起庐帐行宫。隋炀帝以盛大的典礼接待了高昌王、伊吾吐屯设等西域30国的首领，召开"万国博览会"。仪式十分隆重，各国使者排列于隋炀帝经过的道路的左边迎候，各民族人民盛装相迎。如此盛大的场面为的是向西域各国展示隋王朝的强盛和隋炀帝的威武。隋炀帝与各国商定通商往来具体事宜后，大宴宾客长达一个多月，终于重新贯通了丝绸之路。“万乘西出玉门关”，中原皇帝亲巡河西走廊是千年未有的盛事。半年后，隋炀帝结束西巡回到长安，跟着隋炀帝一起回京的还有高昌王、伊吾吐屯设以及西域各国的首领、使节。十一月，隋炀帝又带他们到东都洛阳参观。在东都大演百戏，盛陈文物，大开市禁，着力展现大隋朝的富庶与繁盛。这年底，隋炀帝下令“征四方奇技艺，陈于端门坊”，表演一直持续到月终，直看得西域各国使者神魂颠倒。各国使者又要求入丰都市交易。后来，又让西域各国使者沿着大运河来到扬州等地参观，并做生意。由于丝绸之路的开通，再加上大运河的沟通，隋朝时，长安、洛阳和扬州都有大批胡商。隋代用以互市贸易、赏赐和赠送的物品，最主要的是丝织品和茶叶。而这些物品，有相当一部分来自江淮地区，并通过大运河直接或间接地运往边疆各地的。

大业七年（611），西突厥的处罗可汗终于向隋王朝投降，拜倒在隋炀帝脚下，称隋炀帝为“圣人可汗”。万方来朝，使隋炀帝的权力意志得到了极大的满足。

通使海洋万国朝

隋炀帝在经略西域的同时，对南部海疆也进行了开发，通使海洋，大大促进了中外文化的交流。大业三年（607）炀帝派屯田主事常骏、虞部主事王君政，准备出使东南亚的赤土国（今苏门答腊岛）。大业四年（608），赤土国派使节向隋进贡文物。同年，常骏出使赤土国，并前往罗刹国，促进了隋与南洋诸国的文化交流，据《隋书》记载，南荒朝贡者共有十余国。其中就有真腊国（今柬埔寨）、丹丹国、盘盘国（今马来西亚的一部分）、婆利国（今巴厘岛）等。大业三年（607），向往中华文化的日本派使臣小野妹子来隋朝访问。由于日本遣隋使在国书中称“日出处天子致书日没处天子无恙”，俨然一副平起平坐的派头，这使得自认为中原大国国君的隋炀帝十分不高兴。但还是按惯例将小野妹子与百济、赤土等国使者一样放在了朝贡的藩属外臣的位置。为了宣扬大隋的威名，这年四月，隋炀帝还是派裴世清为使，取道百济、新罗出使日本。隋使来到日本后，日本朝野十分高兴，热情接待。约一个月后，裴世清一行辞别日本天皇回国。这次中日文化交流也为唐代的中日文化大规模交流奠定了基础。当然，隋炀帝派使节出使日本，还有一个目的，那就是牵制日益强大的高句丽。

大运河成为连接陆上丝绸之路和海上丝绸之路的桥梁，通过大运河的连通，使我国的对外经济文化交流形成了一个闭环。当时日本人来长安有三条线路，其中中路和南路都与大运河相关。中路要经过邗沟和通济渠行船，经汴州（今河南开封）、洛阳西达长安。南路，从日本横越东海，南下明州（今浙江宁波）及浙江沿海登陆，溯钱塘江或浙东运河经越州（今浙江绍兴）至杭

戏剧演出中隋炀帝接见各国使节场景

州，由此经江南运河至扬州，再循邗沟、通济渠西去洛阳、长安。海上丝绸之路开通后，江南运河岸也多胡商，至于由广州北上扬州的胡商也随处可见。

南幸江都恣佚游

大业五年（609）三月，隋炀帝开始了第二次巡幸江都。这次出巡史书上并没有详细记载。可以想象，那时正是炀帝统治稳固、宏图初展之时，开通了大运河，征服了吐谷浑，一定是豪情万丈，指点江山，挥斥方遒。因此，这次巡幸江都的规模肯定不会小。这次来江都，隋炀帝将注意力用在了对南方蛮俚的宣慰上。大业六年（610）在平定了海南岛上的王万昌叛乱后，隋炀帝御笔一挥将珠崖郡分拆为珠崖、儋耳、临振三郡，以加强对海南岛的统治。为了加强对江南的统治，隋炀帝又将江都的行政地位提高了一级，“制江都太守秩同京尹”，使江都具有了陪都的地位。这一年在江都，隋炀帝作出了一个英明的决策，那就是重开江南运河。江南运河的重开，是隋炀帝构建全国性水运体系的最后一环。大业六年二月，为庆祝江南运河开凿成功，“上升钓台，临扬子津，大宴百僚”，隋炀帝在扬州运河与长江交汇处的扬子津行宫，举行了一次隆重的庆祝活动。

隋炀帝二次南巡，也是为征高句丽作军事调动。大业七年（611）二月，隋炀帝下诏讨伐高句丽，命令幽州总管元弘嗣往东莱（今山东莱州）海口造船三百艘。四月，“诏总征天下兵，无论远近，俱会于涿。又发江淮以南水手一万人，弩手三万人，岭南排镩车手三万人”。隋炀帝为征高句丽进行了全国总动员。当时永济渠已开通，隋朝在人力、物力以及军事部署上做好了诸多准备。永济渠作为一条繁忙的运输线，军粮、士兵、

隋炀帝南巡图

武器等都通过这条运河源源不断地运往前线。隋炀帝也正是带着文武百官，沿着此运河，坐着龙舟，赶赴涿郡前线，征伐高句丽的。

拒谏劳兵作祸基

隋炀帝通过20年的努力，使隋朝国土疆界达到极盛，“地广三代，威振八纮，单于顿颡，越裳立译”。在征服了契丹、琉球（今台湾及周边岛屿）后，隋炀帝的目光盯向了隋王朝的心腹大患——不安分的高句丽，打算用兵辽东。

辽东在汉魏之时都是中国的郡县。东晋南渡后，北方出现了长期分裂割据的局面。高句丽乘机崛起，逐渐发展成为东北地区一个比较大的国家，国都在汉乐浪郡的故地平壤城，也叫长安城。

隋文帝时，高句丽国王拒绝来长安朝贡，甚至还派出军队侵略隋辽西走廊的营州。隋文帝曾经派遣30万大军，分水陆两军进攻高句丽。但这次出兵很不顺利，陆军遭遇连绵雨季，寒冷天气，加上道路崎岖，瘟疫横行，粮草短缺，损失惨重；水军船只遭遇狂风暴雨，沉没很多。而高句丽王也慑于隋军的威力，派使节上书谢罪，给了隋文帝一个台阶下，于是隋文帝罢兵。

当隋炀帝完成对西、北、南多地少数民族的征讨，国内经济也达到了鼎盛时，征伐高句丽成了对外经略的重头戏。

大业八年（612）正月初一，从全国各地调集而来的征讨大军齐集涿郡，总计达113万人，号称200万人。隋炀帝自信心爆棚，认为高句丽不过蕞尔小国罢了，隋朝以大击小，必定势如破竹。大业八年（612）正月初二，隋炀帝以高句丽国王高元不肯朝见为借口，对高句丽宣战。他从江都宫沿着大运河，乘船前往涿郡，第一次御驾亲征高句丽。《资治通鉴》记载：“乙亥，帝自江都

隋炀帝的江都宫（今天扬州的蜀冈一带）

行幸涿郡，御龙舟，渡河入永济渠。”可以想见，当时的隋炀帝刚完成了大运河的浩大工程，又沿着这一划时代的伟大工程去征辽东，真正是春风得意，意气风发。他在《纪辽东二首》诗中写道：

秉旄仗节定辽东，俘馘变夷风。

清歌凯捷九都水，归宴洛阳宫。

隋炀帝将大军组编成二十四个军，正月初三，征讨大军的第一军出发，隋炀帝根本不考虑兵贵神速，而是“月遣一军，相去四十里”，连续40天，才使左右两翼二十四军全部发完。113万大军，浩浩荡荡，场面壮观。可能隋炀帝出兵的主要目的是向高句丽示威，因此这场战争一开始就更像一次武装大游行，像一次军事大检阅，根本没有立足于打硬仗打胜仗。三月，隋炀帝亲率征讨大军经过两个月的行军来到辽河边，在隋朝强大军力面前，高句丽并未投降，反而进行了全国动员，上下同仇敌忾，将隋军挡在辽河以西。隋军造桥渡过辽河，高句丽军大败，死者万余人。隋朝各路军队乘胜围攻辽东城（今辽宁省辽阳市）。

辽河东岸的暂时胜利让隋炀帝万分高兴，特地下诏大赦天下，并在占领区建置郡县。但高句丽人坚守辽东城，就是不肯投降。隋军围攻了数月还是不能攻下。眼看着辽东城将要被攻陷的时候，城中的高句丽军队突然声称请降。因为隋炀帝有旨意，任何战事都要由他决策。隋朝诸将奉隋炀帝的旨意不敢继续进攻，而是先上奏隋炀帝，等回复命令到达，城里的高句丽军已经准备好了防御，再次开始抵抗。这样反复几次，白白坐失良机，隋军士气低落，高句丽则乘机反击。

隋军见辽东城久攻不下，于是分兵绕过辽东城，宇文述、于仲文等率军渡过鸭绿江南下，一路追赶高句丽军队来到平壤城下。但这时军中粮草已用完，约好来接应的隋朝水军来护儿部没能及时赶到，答应出兵南北夹击的百济军队也迟迟未发，平壤城十分坚固，一时难以攻下。于是隋炀帝答应高句丽使者口头提出的投降条件而退军。但就在撤退的时候，狡猾的高句丽军又趁机四面抄袭，隋军边战边退，伤亡惨重，好不容易才退回到辽河以西。第一次征高句丽之战以惨败告终，据说，当初渡过辽河的35万军队，成建制回来的只剩了2700多人。一城未占，却损失了30多万兵马，惨败使不可一世的隋炀帝垂头丧气。但他对失败的结局颇不甘心，命令民部尚书樊子期留守涿郡，准备第二年再举兵。

隋炀帝举全国之力来征高句丽，不仅使隋朝国力锐减，民不聊生，也使隋炀帝丧失民心，激化了阶级矛盾，导致隋末农民起义四处爆发。

农民起义的大潮，并未阻挡隋炀帝征伐辽东的决心。大业九年（613），隋炀帝决定再次讨伐高句丽。当年四月，他率领大军渡过了辽河，第二次征讨高句丽的战争又拉开了序幕。这次隋军的猛将王仁恭立了功，他率军进发到新城（今辽宁抚顺北），高句丽数万军队背城结阵，王仁恭率领一千劲骑冲垮敌阵，并围攻新城。隋炀帝亲自率领大军围攻辽东城，隋军其他部队也按计划向纵深推进，高句丽在隋炀帝数路大军猛烈进攻下，计穷势蹙，国家到了危急存亡的时刻。就在高句丽打算投降时，隋军在后方督运粮草的杨玄感造反了，而且挥军进攻东都洛阳。隋炀帝不得不停止进展顺利的高句丽战争，放弃将成为囊中之物的高句丽，连夜撤军回国平叛。由于后院起火，隋炀帝精心准备的第二次征辽计划功败垂成，再次师出无功。

大业十年（614）一月，隋炀帝接见百济、新罗使者，约定了夹击高句丽的事。二月下诏，第三次御驾亲征高句丽。隋百万大军又一次来到辽东前线，这次征辽的军队明显不如前两次雄壮，攻势也要比前两次慢得多。但高句丽因为连年战争，也是国力大损，因此已无心恋战。此前，来护儿率水军已先于辽东半岛登陆。高句丽举兵迎战，被来护儿击败。来护儿进攻平壤。高句丽王高元因人疲马乏，无力再战，于是派使者将二征高句丽时隋朝的叛将斛斯政作为礼物送到辽东城下，上表乞求投降。隋炀帝见已经挽回两次失败的耻辱，于是下令各路大军停止攻击，接受高句丽人的降款，班师回朝。

客观地说，隋炀帝对高句丽的三次大规模征讨，在巩固隋朝对东北地区统治的同时，也大大地消耗了隋朝的国力，导致民不聊生。攻打高句丽的徭役始于大业四年（608），隋炀帝征发河北诸郡一百多万人开凿永济渠。大业七年（611）全国范围的征兵，使全国的青壮年男子几乎全部服役。这年十月，山东、河南等地发大水，黄河水冲毁了砥柱，造成灾区人民在水深火热中挣扎。在这种情况下，隋炀帝还要耗费国力征辽东，自然引起了全国劳动人民的怨恨。

小贴士：《挽舟者歌》

我兄征辽东，饿死青山下。今我挽龙舟，又阻隋堤道。
方今天下饥，路粮无些小。前去三千程，此身安可保！
寒骨枕荒沙，幽魂泣烟草。悲损门内妻，望断吾家老。
安得义男儿，焚此无主尸。引其孤魂回，负其白骨归！

当时运河边上就流传着哭诉隋炀帝开凿大运河强征役夫、征伐高句丽给民众造成疾苦的船工号子——《挽舟者歌》。至今运河边的北京通州地区仍有船工号子的非遗表演。

隋炀帝即位后短短几年时间，隋朝威播海内外，这是自汉武帝以来无人可以比拟的。但太想干大事的隋炀帝接二连三地兴起大役，没有让人民休养生息，导致社会矛盾激化，民不聊生，天下骚动。反抗暴政，不仅有农民起义，而且以关陇集团军阀为骨干的隋朝将领也相继叛变。在三征高句丽后，隋炀帝已无军力镇压隋末民变，最终导致了隋朝的灭亡。

第六章　载到扬州尽不还

欲取芜城作帝家

隋炀帝三次征伐辽东取得成功后，尽管国内反叛相继，形势危急，但隋炀帝还是陶醉在自己的文治武功中，决定再次北巡突厥。大业十一年（615）八月五日，隋炀帝一行出巡塞北，试图重演大业三年（607）北巡启民可汗营帐的故事。但接任的突厥始毕可汗给了隋炀帝一个下马威，他带了几十万的骑兵飞驰而来，似乎是来迎驾，但分明是来劫驾的。隋炀帝得到消息后大惊失色，赶紧躲到雁门郡城（今山西代县）。八月十三日，突厥骑兵将隋炀帝带领的十几万人围得水泄不通，当时雁门郡城能够使用的粮食只能支撑20天，隋炀帝十分恐惧绝望，抱着最小的儿子杨杲哭泣。始毕可汗见久攻不下，附近郡县又派兵勤王，他只好在九月十五日退兵。到九月十八日，被围困了32天的隋炀帝一行这才得以离开雁门回到太原。

雁门被围让隋炀帝又一次受到耻辱。此时，雪上加霜的是国内已是义军四起，“天下叛隋者众”，连关陇集团内部也出现分裂，一些贵族和将军纷纷造反。面对无法控制的局势，隋炀帝也拿不出好办法，只好决定避乱江都。这一计划，从大业十二年（616）正月就开始着手部署。隋炀帝命令毗陵（今江苏常州）通守路道德集合十郡的数万兵马，在郡城东南营建宫苑，方圆十二里，这是为逃奔江南做准备。

大业十二年（616）七月，隋炀帝最后一次巡幸江都。《资治通鉴》卷183记载：大业十二年七月“江都新作龙舟成，送东都”。宇文述劝隋炀帝巡幸江都，隋炀帝下达了巡幸江都的诏令。许多宫女因不得从行，哭着挽留隋炀帝。隋炀帝也题诗一首：“我梦江南好，征辽亦偶然。但存颜色在，离别只今年。”只是暂时离别，他还想着第二年就能回到长安。右候卫大将军酒泉人赵才劝谏说：“今百姓疲劳，府藏空竭，盗贼蜂起，禁令不行，愿陛下还京师，安兆庶。”隋炀帝大怒。临行前，又有从九品的奉信郎崔民象以“盗贼充斥，四海土崩”为由，劝谏隋炀帝不要巡幸江都，却被隋炀帝下令斩首。

其实，隋炀帝在此时辞别两京而南下江都，是在不得已的情况下做出的理性选择，他想把富裕的江南经营成隋朝的复兴基地，以图重振河山。因为以江都为中心的江南是隋炀帝长期经营的势力范围，隋炀帝在登上皇位前曾以晋王的身份坐镇江都，统辖江南长达10年，江都也是他政治上走向成功的起点，他对江都有着很深的感情。据说，隋炀帝在密谋取代太子杨勇的时候，曾经有过两套方案：一是通过手段废除杨勇的太子身份，自己接任太子；二是如果不能当太子，就以江都为核心，建立割据政权，进而依靠武力夺取大位。

据史料记载，这次下江都时，一路干旱，经过今天淮安附近的破釜涧时，喜逢大雨，他一时兴起，就将破釜涧改为洪泽浦，洪泽湖之名由此而来。也就是说，当时的隋炀帝还是做着重回长安的美梦的。

客观地说，在叛乱四起，隋朝统治受到威胁的关键时刻，隋炀帝不听劝阻，执意出巡，斩杀数人，暴露出他的残暴及内心的不安。这时的北方，以李渊为首的关陇集团已蠢蠢欲动，想取隋朝的江山而代之。而以江都为中心的江南是隋炀帝经营多年的根据地，有着他的政治势力，昔日割据江南的政治版图重新浮现在他的大脑

中。从他留给宫人的诗“我梦江都好，征辽亦偶然”中可以看出。为了保住自己的帝位，隋炀帝出于政治上

隋炀帝下扬州图（《话说中国》第九卷）

和军事上的原因都会选择江都来作为自己的大本营。因此，他离开长安、洛阳而选择南下江都是经过了反复权衡比较后的理智选择。隋炀帝南下江都，“欲取芜城作帝家”（芜城，指广陵，即今江苏扬州），本来想着凭借江都作为大本营东山再起，结果因为反隋的局势发展太快，他本人也在兵变中被杀。今天，在扬州古运河畔的东关古渡还陈列着隋炀帝下江都的铜雕。

亡隋波浪九天来

隋炀帝避乱江都之时，各地反隋起义风起云涌，而且各路义军在反隋起义中逐步结成联盟，合力抗击官军。如河北赵万海、张金称等义军逐步归于窦建德统一

领导。大规模农民起义的爆发与隋炀帝的穷兵黩武、滥施暴政有关，也与不顾民力，在极短的时间内修建大运河、洛阳城、堑道等大规模的国家工程有关。

隋朝全盛时约有4600万人口，人力资源虽然丰富，但并非取之不尽。隋立国之初，文帝就营造了比东都洛阳规制更大的长安大兴城。但兴建大型工程如果不考虑民众从役的承受能力，而是依靠强大的皇权，随心所欲地兴建一切大型工程，这就是暴政了。从主观上讲，隋炀帝是想干好事，干大事，利国利民，成圣王之业。然而，要成就大业，举办大型工程，必须役使千百万子民来贡献体力。中国封建社会的小农经济生产力极其低下，没有大型机械，要开凿千里运河，修筑万里长城，全靠劳动者一双手，一锹一锹地铲，一担一担地搬。隋炀帝只能依靠政治强力，行政命令，征集大量役夫，搞人海战术，才可能兴修大型工程。于是几十万、几百万农村壮丁被迫离开家乡，被官府征调从役。这必然会影响农业生产，致使“耕稼失时”，同时也造成大批青壮劳动力因工伤劳累而死亡。虐用民力大大超出了人民的承受限度，这就必然会爆发起义。后来唐太宗曾对侍臣王珪说：“炀帝恃此富饶，所以奢华无道，遂致灭亡”，认为“炀帝失国亦此之由”。

尽管隋炀帝修的大运河是利国利民、功在当代、利在千秋的伟大工程，然而开凿时隋炀帝不顾人民死活，好大喜功，急功近利，造成民怨沸腾。在大业初年半年内，连续下令筑长堑、营东都、凿运河、造龙舟、巡游江都制羽仪等，役使男女数万，根本不考虑民众的承受能力，这就严重激化了阶级矛盾，促使走投无路的农民纷纷走上起义的道路。

隋炀帝避乱江都的一年后，又有好几支起义军崛起，特别是地主贵族也相继起兵。据统计，隋末反隋的武装共有126支，其中地主起兵的就有60多支。这表明隋统治集团内部的分裂也在加剧，连关陇勋贵也对隋炀帝深表不满了，走到了他的对立面。前有杨玄感起兵，后有罗艺、梁师都、刘武周等起义，连隋炀帝的亲表哥李渊也在太原起兵。南朝贵族的后代萧铣、江南大族沈法兴也起兵造反，刘元进、单雄信等地方豪强和少数民族首领如岭南冼夫人的孙子冯盎都举兵反隋，社会各阶层都打出反对隋炀帝的旗号，统治者与被统治者都把矛头对准了隋炀帝，隋朝统治已是风雨飘摇。正如唐代诗人胡曾在《汴水》一诗中写道：“千里长河一旦开，亡隋波浪九天来。锦帆未落干戈过，惆怅龙舟更不回。”

义军中规模较大的有李密领导的瓦岗军，李密在隋末是位叱咤风云的传奇人物。他自小受到贵族教育，曾参加杨玄感起义被俘，又逃出。后来加入了翟让领导的瓦岗军。在瓦岗军中他献计打败了隋将张须陀，翟让便命他分统一军。李密带领瓦岗军打了几个大胜仗，威名四震。于是翟让等对李密心悦诚服，共推李密为主。此后李密带领瓦岗军围攻东都洛阳，并且攻下了隋朝的皇家粮仓回洛仓，各路义军推李密为盟主。隋炀帝派王世充率领5万江淮士卒北上保卫东都。李密数战皆捷，杀得王世充龟缩于洛阳北含嘉仓城内，不敢出战。李密杀出了威名，四海仰慕，而且民间也有传言“李氏当天子”，因此，各路反隋义军劝李密称帝，但李密却说：“东都不平，不可议此。”李密为推翻隋朝建立了不朽功勋，但因为贻误了向外发展的机会，帝王之梦却悄悄溜走。关陇勋贵的另一位李姓人士却乘机占据京师长安，成就了“李氏当天子”的帝王之业。这就是隋炀帝的表哥李渊。

只换雷塘半亩田

在李密大闹中原之时，太原留守李渊杀死了太原副留守王威、高君雅，以讨伐刘武周为名，自行募兵，公开反叛。他以太原为根据地，通过向突厥称臣，得到突厥的支持，占领了长安。大业十三年（617），他在长安遥尊表弟杨广为太上皇，正式立隋太子杨昭的儿子代王杨侑为皇帝，改元义宁。杨侑成了李渊的傀儡。大业十四年（618），反隋义军中称帝王的已不可计数，杜伏威、李子通均称王；长江中游的林士弘自称皇帝，建国号楚；后梁帝裔萧铣也自立为王。在江都避乱的隋炀帝因为中原地区李密渐成气候，而不敢北还，但江淮地区也充斥着反隋武装，偏安江南的梦也不能成真了。隋炀帝完全陷入绝望，最后索性万事不管，纵情声色，过一天算一天。但这样的日子也不长了。

退保江南本来是正确的选择，但当时跟着隋炀帝来江都保驾的骁果禁卫军都是关中人，在江都待久了，不免想家，因而不断有禁卫军私自逃回关中。隋炀帝清醒地知道自己的江山不长了，经常喝得酩酊大醉，揽镜自照，对萧后说："好头颅，谁当斩之？"他万万没想

扬州在大运河申遗过程中新发现的隋炀帝墓

到，自己的命竟会葬送在最贴身的禁军手上。

隋炀帝在江都待了两年后，几十万禁军将士和百官在江都消耗巨大，江都粮草已尽，因义军阻道，各地赋税也无法送达。而家在关中的禁军不断叛逃，眼看着隋朝的大厦将倾，谁也不愿作陪葬品。于是禁军开始密谋反叛。大家推举宇文述的儿子宇文化及主事，发动政变。大业十四年（618）三月十一日，禁军从玄武门攻入江都宫，囚禁了隋炀帝，先将隋炀帝游街示众。当叛军按宇文化及的命令要对隋炀帝行刑时，最后关头的隋炀帝倒也硬气，自己解下一条丝带交给行刑的令狐行达，这样，隋炀帝被缢死在江都宫。一代枭雄就这样结束了自己不平凡的一生，这一年他刚刚50岁。

在弑杀隋炀帝的当天，宇文化及就以萧皇后之令立秦王杨浩为帝，加上李渊在长安立的隋恭帝杨侑，这样隋朝在炀帝死后反倒有了两位皇帝。而为隋朝据守城池的大将听说隋炀帝被弑，大多数降了李渊，也有的降了窦建德。当隋炀帝被弑的消息传到长安后，李渊加快了夺权的步伐。当年五月就让少帝杨侑降下禅位诏书，五月二十日，李渊即皇帝位，改隋义宁二年为唐武德元年。这一幕与当年杨坚以隋代周是何等相似。短暂而又不平凡的隋朝最终灭亡了。当年九月，唐君臣追谥故隋太上皇杨广为炀帝，隋炀帝的谥号（与陈后主一样的谥号）终于在唐朝出现了。

隋炀帝墓墓志铭

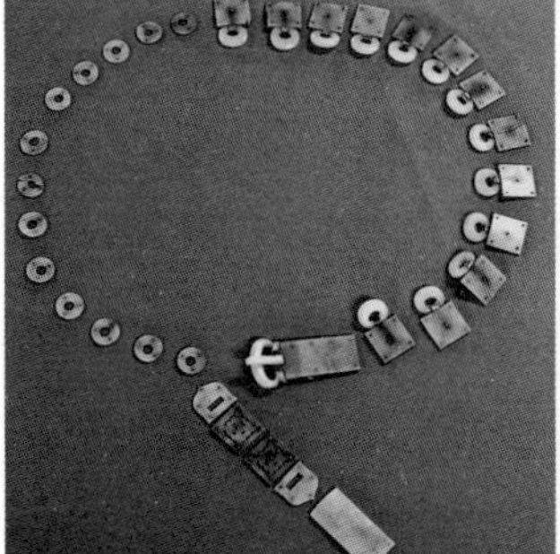
隋炀帝墓出土十三环蹀躞带

扬州曹庄隋炀帝墓二号墓出土的凤冠（修复后）

小贴士：隋炀帝墓

2013年3月，扬州市西湖镇司徒村曹庄一个房地产工地项目的建筑工人在挖地基时，发现了两座砖室墓，一号墓出土的墓志上清晰呈现出“隋故炀帝墓志”等字样。考古专家推测，该墓志表明墓主是隋炀帝杨广。后经过考古发掘论证，确认此处为隋炀帝杨广与萧皇后最后埋葬之地。墓葬中不仅出土大量随葬品，还发现了两颗男性牙齿和女性人骨遗骸。考古发现，两座砖室墓中，一号墓为方形砖室墓，由主墓室、东西耳室、甬道、墓道五部分组成。墓室用砖与隋代江都宫城用砖一致。除一号墓中出土的墓志铭外，二号墓中还出土了玉器、铜器、陶器、漆器等珍贵文物100余件（套）。其中一套蹀躞金玉带，是目前国内出土的唯一一套最完整的十三环蹀躞带，也是古代带具系统最高等级的实物。四件铜铺首通体鎏金，兽面直径26厘米，与唐大明宫遗址出土的铜铺首大小相近。骸骨已经化作尘土，一号墓内仅存的两颗牙齿鉴定为50岁左右的男性。二号墓仅剩4颗牙齿，经鉴定墓主人为大于56岁，身高约为1.5米的女性个体。

在大运河申遗过程中，扬州考古工作者在西湖镇曹庄发现了一座隋唐墓葬，并进行了抢救性考古发掘。之后在扬州召开的考古专家论证会上，根据出土的“隋故炀帝墓志”、十三环蹀躞金玉带、鎏金铜铺首及大量文官俑、武士俑、骑马俑等高规格随葬品，结合文献的记载，专家们确认一号墓墓主是隋炀帝杨广，二号墓墓主为隋炀帝夫人萧皇后。这一考古成果被列为“2013年度全国十大考古新发现”。

第七章　莫道隋亡为此河

共禹论功不较多

隋炀帝杨广文武双全，军政全能，堪称不世出之奇才，一生留下千秋功业，但也因成为亡国之君而被后世批判。

杨广应该是中国历史上地位最重要的君主之一，是谈及隋唐盛世时永远绕不过去的名字。杨广初封晋王，“美资仪，性敏慧”，才华横溢，得到父皇杨坚和母后独孤皇后的宠爱，十三岁镇守北疆，二十岁成为南征大军主帅，挥军灭陈朝，结束南北朝分裂的局面。之后他坐镇江南十年，招揽士人，推广文教，有效促进了南北融合。最后又取代其兄杨勇成为太子，隋文帝去世后，终于顺利即位成为隋朝的新皇帝。他一生的功绩主要有以下几个方面：

一是修建运河，贯通南北。隋炀帝为适应政治经济发展的需要，以洛阳为中心，开凿了纵贯南北的大运河，沟通了隋朝的政治中心、经济中心和军事前线，解决了南粮北运和控制南方的问题。大运河的开通，促进了运河两岸城市的发展，江都、余杭、涿郡等城市很快繁荣起来。大运河对隋唐时期南北经济、文化交流，维护全国统一和加强中央集权制，都起了重要的促进作用。

二是南征吴越，统一全国。20岁的杨广被拜为隋朝兵马都讨大元帅，统领51万大军南下进攻陈朝，完成了统一。杨广还学江南方言，娶江南妻子，重用江南文人。他在江南花了十年心血笼络人心，消减了南方人的怨恨和怀疑，打破了南北政治和文化隔阂。隋炀帝两平江南，自此东晋南朝之后和北方隔离多年的江南才真正归顺了中央，维护了国家的统一。

三是开疆拓土，畅通丝路。杨广有着高远的志向，为了成为千古一帝，他先后打败东突厥、西突厥，灭掉吐谷浑，扩大了中国的疆域。他北狩突厥，西巡河西，成为中国历史上唯一一位北巡草原、西越祁连山的皇帝。隋炀帝西巡过程中置西海、河源、鄯善、且末四郡，进一步促成了甘肃、青海、新疆等地成为中国不可分割的一部分，他重新开拓畅通了丝绸之路。同时遣使通南洋、日本，将运河通到海边的宁波，打通海上丝绸之路，促进了中外经济文化交流。

四是开创科举，重视文教。隋炀帝正式设立进士科，开创科举制度，选拔平民人才，扩大了选人用人的渠道。改国子寺为国子监，恢复了太学以及州县学。他组织了规模宏大的书籍收集、整理工作，国家图书馆藏书达37万卷。他爱好文学，在政治、军事、文学领域，均达到当世一流水准，可以说是集政治家、军事家、文学家为一身。

五是改革吏治，发展经济。隋炀帝进一步改革和完善了官制。他增置谒者台、司隶台，与御史台合称三台。他将州改为郡，合并一些郡县，加强中央对地方的控制，巩固了大一统的中央集权政治体制。在经济上对均田制进行了改革，取消了对奴婢、牛授田，改变了给妇女授田的做法，妇女不授田，也不承担赋役，使农民不因成家而增加负担，有利于人口的增长。这些做法，都为唐朝所沿袭。经过文帝、炀帝父子的改革，一个富庶强大的隋朝迅速屹立在世界的东方。

客观地说，隋炀帝是一个想干事、能干事的有为皇帝，他最大的问题就是太想在极短的时间内干成太多的大事，结果事与愿违。他的大规模建设和征战大大消耗了民力物力，超出了当时社会的承受力。隋炀帝的改革，特别是带有徭役性质的工程营造，已到了不顾实际，不惜民力的地步。本来是维护、巩固和发展统一事业的举措，做过了头，也就成为祸害人民的灾难。正是隋炀帝的好大喜功，宴游无度，而被后代评价为荒淫暴虐的君主。隋文帝时期积累下来的社会问题和隋炀帝的暴政，使社会矛盾尖锐起来，成为农民起义的根本原因。总结隋炀帝杨广一生的过失主要有以下几点：

一是大兴土木，徭役苛重。隋炀帝不顾民力，无休止的征发徭役，上台不到一年，就几乎将全国可供役使的丁夫都征发了。隋炀帝年年出巡，曾三下江都，两巡塞北，一巡河右，三征高句丽，还在长安、洛阳间频繁往还。每次出游都大造离宫。十余年间被征发扰动的农民总计不下一千万人次，平均每户就有役者一人以上，无休止的徭役，使百姓得不到片刻休息，造成“天下死于役”的惨象。

二是宴游无度，穷奢极侈。隋炀帝生活上极为奢侈，为满足个人欲望，他不仅大兴土木，还东游西玩，不尚节俭，挥霍铺张。他三下江都虽有向南方示威，巩固统一的目的，但让沿线人民奉粮无度，造成极大浪费，给人民带来了巨大的灾难。

三是穷兵黩武，指挥失策。战术指挥能力是他相对较弱的一点。隋朝与高句丽的战争，隋军与其说是输在战场上，倒不如说是输在杨广的荒唐决策和虚荣心上，因为指挥失策才会屡中高句丽拙劣的诈降计，贻误宝贵战机。三征高句丽的失利也直接导致了隋末农民起义遍及全国，隋王朝岌岌可危。

位于扬州北郊的隋炀帝陵（现为省级文物保护单位）

唐代的诗人罗隐写过一首《炀帝陵》：

入郭登桥出郭船，红楼日日柳年年。

君王忍把平陈业，只博雷塘数亩田。

想当年炀帝统兵灭陈，统一全国，那是何等辉煌的千秋大业啊！可是，曾几何时，作为君王的隋炀帝却腐化堕落，成为千夫所指的独夫而失国灭身，只落得雷塘数亩田的墓地，这是何等残酷的悲剧结局！隋炀帝被叛军所杀后，最初是被草草葬于吴公台下，后来又有三葬雷塘的故事，在唐贞观年间萧后死后，又与萧后合葬。历史的沧桑使隋炀帝陵不知所踪，也不知道罗隐当时看到的炀帝陵是哪座炀帝陵。清代大儒阮元曾考证出的位于扬州北郊平山乡的炀帝陵，后来被列为省级文保单位。

至今千里赖通波

隋炀帝在短短的一生中干成的两件大事，确实是前无古人，后无来者的。除了首开科举，他最大的贡献就是开通大运河。

无论如何，隋炀帝开通大运河的伟大功绩都是不能被历史遗忘的。大运河的全线贯通，促进了隋代南北经济、文化的交流，维护了全国大一统的中央集权统治。大运河也成为隋代以后中国历代统一王朝的生命线，自隋代至清代1300多年间，大运河的南北贯通一直是历代中央政府维持全国统一政治格局的必要条件。由大运河维系的漕运是重大的国家事务，是古代中国这一巨大的农业帝国保持顺利运行的基本保障之一。在漫长的历史时期里，漕运这一独特的制度和体系，跨越多个朝代，延续了一千多年，对古代中国的发展产生了巨大的影响。经过隋代的第一次大贯通，大运河成为沟通中国经济中心与政治中心的大动脉，确保了繁忙的物资与人员交通，为维持中国大一统的政治局面作出了重要贡献。据统计，在隋大运河贯通以前，中国有50%以上的时间处于分裂状态，而隋大运河全线贯通后，中国有80%以上的时间处于统一状态。

唐朝诗人皮日休的《汴河怀古二首》写道：

万艘龙舸绿丝间，载到扬州尽不还。

应是天教开汴水，一千余里地无山。

尽道隋亡为此河，至今千里赖通波。

若无水殿龙舟事，共禹论功不较多。

这也许是对隋炀帝一生功过比较客观的评价吧！

对隋炀帝的评价，过去受旧史学观的影响，认为隋炀帝是一个暴君。从民国开始逐步客观地评价隋炀帝，肯定他开凿大运河的功绩。有的专家就提出不能把开大运河作为隋灭亡的主要原因，要把开运河与隋炀帝专为享乐而实施的其他工程分开。从今天的唯物史观来分析，无论是开大运河，还是征高句丽，在当时的时代背景下，都有其存在的合理性与必要性。隋朝加速灭亡的原因是炀帝好大喜功，滥用权力，虐用民力，造成民怨沸腾。加上他的一系列举措触动了关陇集团的利益，造成了统治阶级内部的分裂，进而起兵反对他，使隋炀帝成为独夫民贼。隋朝的灭亡，绝不仅仅是因为开凿大运河。隋炀帝当初开凿大运河，尽管是“轻用民力”，但后人却得到了无穷无尽享用，“至今千里赖通波”，从通运河这件事上，隋炀帝是“共禹论功不较多”。

还有的演义小说提到，隋炀帝三下扬州是为了看琼花，这是历史上指责隋炀帝荒淫无道的一个理由。隋炀

小贴士：琼花

琼花是忍冬科、荚蒾属植物。琼花树姿优美，从古至今都被文人以美代称。古代情人节或者是追求心仪的人时，可以将琼花作为礼物送给对方，以表达爱慕之意。传说隋炀帝为了能够一睹琼花的美丽，御驾亲征去扬州看琼花，并为此开凿了大运河。这实际是一种误传。其实一直到了宋代，扬州的史籍中才记载有琼花。现在琼花成了扬州市花，扬州人对琼花情有独钟，称其为天下无双。

琼花

帝下扬州真的是为琼花而来吗？据考证，隋朝时扬州根本还没有琼花。他是为看美女而来吗？这更是民间说书中的误解，只是民间津津乐道的传说罢了。责骂隋炀帝最典型的语句出自李密的檄文：“罄南山之竹，书罪无穷；决东海之波，流恶难尽。”而李密恰恰是一个先反隋，后搞垮瓦岗寨，再后又投降唐朝，最后又因谋反被唐朝所杀的颇具争议的人物，其评价人物的公正性可想而知。

唐代诗人李商隐写了《隋宫》一诗：

紫泉宫殿锁烟霞，欲取芜城作帝家。
玉玺不缘归日角，锦帆应是到天涯。
于今腐草无萤火，终古垂杨有暮鸦。
地下若逢陈后主，岂宜重问后庭花。

直接把隋炀帝比作陈后主，这个评价更有失偏颇，其实隋炀帝是一位有雄才大略的君王。隋炀帝被丑化，还有一个重要的原因就是唐朝君臣为了证明自己推翻隋朝的合法性，为了掩饰作为隋朝臣子反隋的不忠行为，拼命将隋炀帝说成是一个昏君、暴君，让隋炀帝的形象受到了严重歪曲。《隋书》是唐代丞相魏征负责编纂的，魏征作为反隋义军中的一员，在揭露隋炀帝暴虐的同时，将隋炀帝描绘为一代昏君，这就有悖史实了，各种抹黑隋炀帝的行为都是从唐代开始的。隋炀帝贯通的大运河成为之后历代中华大一统帝国的水上生命线，无

壮观的大运河扬州段

南水北调东线工程的源头江都水利枢纽

论是隋唐宋三朝通过隋唐大运河运输漕粮，还是元明清三朝通过京杭大运河沟通南北，都是依靠大运河支撑起了中央集权的统一国家。大运河的修建不但造福古人，而且“至今千里赖通波”，对中华民族产生了重要的影响，这一功劳应该永远被历史铭记。

从吴王夫差最早开邗沟，到隋炀帝时首次贯通大运河，前后花了将近1100年。隋唐大运河北抵涿郡（今北京），南达会稽（今浙江杭州），全长达2700多千米，沟通了海河、黄河、淮河、长江、钱塘江五大水系，成为南北交通运输的大动脉，极大地便利了南北经济文化的交流。从此以后，大运河就成为历代王朝的生命线。直到今天，大运河仍旧是中国东部地区最重要的水上运输线。大运河苏北段一年的货物运输量达到3.15亿吨，是长江葛洲坝的3倍，是京沪高铁的5倍、京沪高速的10倍。同时，大运河还是南水北调东线工程的输水线路，承担着国之命脉的重任。

参考文献

1.〔南朝梁〕萧子显著：《南齐书》，中华书局 1996 年版。

2.〔唐〕魏征著：《隋书》，中华书局 1997 年版。

3. 安作璋著:《中国运河文化史》,山东教育出版社 2006 年版。

4. 洛阳市地方史志编纂委员会编：《河南志》，中州古籍出版社 2011 年版。

5. 罗凯著：《2500 年战争与和平的交响》，东南大学出版社 2013 年版。

6. 国家文物局编：《中国大运河申遗文本》，2013 年。

7. 冬冰主编：《在江河湖海之间——大运河扬州段文化遗产》，东南大学出版社 2014 年版。

8.〔宋〕司马光著:《资治通鉴》,上海文化出版社 2016 年版。

9.〔宋〕乐史著：《太平寰宇记》，中华书局 2017 年版。

10.〔元〕马端临著：《文献通考》，中华书局 2018 年版。

11. 姜师立编著：《中国大运河遗产》，中国建材工业出版社 2019 年版。

本书图片由赵辉、张荣俊、潘娟、杨梦、蒋永庆、黄纲、吴益群、刘奇斌、施晓平、宋桂杰及苏州市文物保护管理所、仪征市博物馆、扬州歌舞剧院提供，谨致谢忱！